Robert Musil

Über die Dummheit

***

Nachlaß zu Lebzeiten

„Es ist ein bemerkenswerter Vortrag, den Musil auf Einladung des österreichischen Werkbundes hält: Er spricht über das unzerstörbare, alle Zeitalter und Schichten durchdringende und allgegenwärtige Phänomen menschlicher Dummheit. Dabei erhebt er sich nicht selbstgefällig über die „Dummen“, sondern spricht aus einer sachlichen, objektivierenden Metaperspektive. Uns allen empfiehlt er als letztes Mittel gegen die Dummheit die Bescheidenheit.“ *Redaktion Gröls-Verlag* (Edition I Werke der Weltliteratur)

Redaktionelle Hinweise und Impressum

Das vorliegende Werk wurde zugunsten der Authentizität sehr zurückhaltend bearbeitet. So wurden etwa ursprüngliche Rechtschreibfehler regelmäßig *nicht* behoben, denn kleine Unvollkommenheiten machen das Buch – wie im Übrigen den Menschen – erst authentisch. Mitunter wurden jedoch zum Beispiel Absätze behutsam neu getrennt, um den Lesefluss zu erleichtern.

Wir sind bemüht, ein ansprechendes Produkt zu gestalten, welches angemessenen Ansprüchen an das Preis/Leistungsverhältnis und vernünftigen Qualitätserwartungen gerecht wird. Um die Texte zu rekonstruieren, werden antiquarische Bücher von leistungsfähigen Lesegeräten gescannt und dann durch eine Software lesbar gemacht. Der so entstandene Text wird von Menschen gegen eine Aufwandsentschädigung gegengelesen und korrigiert – Hierbei können gelegentlich Fehler auftreten. Wenn Sie ebenfalls antiquarische Texte einreichen möchten, wenden Sie sich für weitere Informationen gerne an

www.groels.de

Informieren Sie sich dort auch gerne über die anderen Werke aus unserer

Edition | Bedeutende Werke der Weltliteratur

Sie werden es mit 98,071 %iger Wahrscheinlichkeit nicht bereuen.

Die Deutsche Nationalbibliothek verzeichnet dieses Werk in der Deutschen Nationalbibliografie.

Verleger: Marcel Hermann-Josef Gröls, Poelchaukamp 20, 22301 Hamburg.
Externer Dienstleister für Distribution und Herstellung: BoD, In de Tarpen 42, 22848 Norderstedt

Inhalt

Über die Dummheit
Vortrag auf Einladung des österreichischen Werkbunds
Gehalten in Wien am 11. März 1937

Meine Damen und Herren!

Einer, so sich unterfängt, über die Dummheit zu sprechen, läuft heute Gefahr, auf mancherlei Weise zu Schaden zu kommen; es kann ihm als Anmaßung ausgelegt werden, es kann ihm sogar als Störung der zeitgenössischen Entwicklung ausgelegt werden. Ich selbst habe schon vor etlichen Jahren geschrieben: "Wenn die Dummheit nicht dem Fortschritt, dem Talent, der Hoffnung oder der Verbesserung zum Verwechseln ähnlich sähe, würde niemand dumm sein wollen." Das ist 1931 gewesen; und niemand wird zu bezweifeln wagen, daß die Welt auch seither noch Fortschritte und Verbesserungen gesehen hat! So entsteht allmählich eine gewisse Unaufschieblichkeit der Frage: Was ist eigentlich Dummheit?

Ich möchte auch nicht außer acht lassen, daß ich als Dichter die Dummheit noch viel länger kenne, könnte ich doch sogar sagen, ich sei manches Mal in kollegialem Verhältnis zu ihr gestanden! Und sobald in der Dichtung ein Mann die Augen aufschlägt, sieht er sich überdies einem kaum beschreiblichen Widerstand gegenüber, der alle Formen annehmen zu können scheint: sei es persönliche, wie etwa die würdige eines Professors der Literaturgeschichte, der, gewohnt, auf unkontrollierbare Entfernungen zu zielen, in der Gegenwart unheilstiftend danebenschießt; sei es luftartig allgemeine, wie die der Umwandlung des kritischen Urteils durch das kaufmännische, seit Gott in seiner uns schwer begreiflichen Güte die Sprache des Menschen auch den Erzeugern von Tonfilmen verliehen hat. Ich habe früher schon ein oder das andere Mal mehr solcher Erscheinungen beschrieben; aber es ist nicht nötig, das zu wiederholen oder zu vervollständigen (und anscheinend wäre es sogar unmöglich angesichts eines Hanges zur Größe, den alles heute hat): es genügt, als sicheres Ergebnis hervorzuheben, daß sich die unkünstlerische Verfassung eines Volkes nicht erst in schlechten Zeiten und auf rüde Weise äußert, sondern auch schon in guten und auf jegliche Weise, so daß Bedrückung und Verbot nur dem Grade nach verschieden sind von Ehrendoktoraten, Akademieberufungen und Preisverteilungen.

Ich habe immer vermutet, daß dieser vielgestaltige Widerstand eines sich der Kunstliebe rühmenden Volkes gegen die Kunst und den feineren Geist nichts als Dummheit sei, vielleicht eine besondere Art davon, eine besondere Kunst- und vielleicht auch Gefühlsdummheit, jedenfalls aber so sich äußere, daß, was wir Schöngeistigkeit nennen, zugleich auch eine Schöndummheit wäre; und ich sehe auch heute nicht gerade viele Gründe, von dieser Auffassung abzugehen. Natürlich läßt sich nicht alles auf die Dummheit schieben, wovon ein so vollmenschliches Anliegen, wie es die Kunst ist, verunstaltet wird; es muß, wie besonders die Erfahrungen der letzten Jahre gelehrt haben, auch für die verschiedenen Arten der Charakterlosigkeit Platz bleiben. Aber nicht dürfte eingewendet werden, daß der Begriff der Dummheit hier nichts zu suchen habe, weil er sich auf den Verstand beziehe, und nicht auf Gefühle, die Kunst hingegen von diesen abhänge. Das wäre ein Irrtum. Selbst der ästhetische *Genuß* ist *Urteil* und Gefühl. Und ich bitte Sie um die Erlaubnis, dieser großen Formel, die ich Kant entlehnt habe, nicht nur die Erinnerung anfügen zu dürfen, daß Kant von einer ästhetischen *Urteils*kraft und einem Geschmacks *urteil* spricht, sondern auch gleich die Antinomien wiederholen zu dürfen, zu denen es führt:

Thesis: Das Geschmacksurteil gründet sich nicht auf Begriffe, denn sonst ließe sich darüber disputieren (durch Beweis entscheiden).

Antithesis: Es gründet sich auf Begriffe, denn sonst ließe sich darüber nicht einmal streiten (eine Einstimmung anstreben).

Und nun möchte ich fragen, ob nicht ein ähnliches Urteil mit ähnlicher Antinomie auch der Politik zugrunde liege und dem Wirrsal des Lebens schlechthin? Und darf man nicht, wo Urteil und Vernunft zu Hause sind, auch ihre Schwestern und Schwesterchen, die verschiedenen Weisen der Dummheit, erwarten? So viel über deren Wichtigkeit. Erasmus von Rotterdam hat in seinem entzückenden und heute noch unverbrauchten "Lob der Torheit" geschrieben, daß ohne gewisse Dummheiten der Mensch nicht einmal auf die Welt käme!

****

Ein Gefühl von der ebenso schamverletzenden wie gewaltigen Herrschaft der Dummheit über uns legen denn auch viele Menschen an den Tag, indem sie sich freundlich und konspiratorisch überrascht zeigen, sobald sie vernehmen, einer, dem sie Vertrauen schenken, habe vor, dieses Untier beim Namen zu beschwören. Diese Erfahrung habe ich nicht nur anfangs an mir selbst machen können, sondern habe bald auch ihre historische

Geltung erfahren, als mir auf der Suche nach Vorgängern in der Bearbeitung der Dummheit – von denen mir auffallend wenige bekannt geworden sind; aber die Weisen ziehen es anscheinend vor, über die Weisheit zu schreiben! – von einem gelehrten Freund der Druck eines im Jahre 1866 gehaltenen Vortrags zugeschickt worden ist, der zum Verfasser Joh. Ed. Erdmann, den Hegelschüler und Hallenser Professor, gehabt hat. Dieser Vortrag, der "Über Dummheit" heißt, beginnt denn gleich damit, daß man schon seine Ankündigung lachend begrüßt habe; und seit ich weiß, daß das sogar einem Hegelianer widerfahren kann, bin ich überzeugt, daß es mit solchem Verhalten der Menschen zu denen, die über Dummheit sprechen wollen, eine besondere Bewandtnis hat, und befinde mich sehr unsicher in der Überzeugung, eine gewaltige und tief zwiespältige psychologische Macht herausgefordert zu haben.

Ich will darum auch lieber gleich meine Schwäche bekennen, in der ich mich ihr gegenüber befinde: ich weiß nicht, was sie ist. Ich habe keine Theorie der Dummheit entdeckt, mit deren Hilfe ich mich unterfangen könnte, die Welt zu erlösen; ja, ich habe nicht einmal innerhalb der Schranken wissenschaftlicher Zurückhaltung eine Untersuchung vorgefunden, die sie zu ihrem Gegenstande gemacht hätte, oder auch nur eine Übereinstimmung, die sich wohl oder übel bei der Behandlung verwandter Dinge in Ansehung ihres Begriffs ergeben hätte. Das mag an meiner Unkenntnis liegen, aber wahrscheinlicher ist es, daß die Frage: Was ist Dummheit? so wenig den heutigen Denkgepflogenheiten entspricht wie die Fragen, was Güte, Schönheit oder Elektrizität seien. Trotzdem zieht der Wunsch, sich diesen Begriff zu bilden und eine solche Vorfrage alles Lebens so nüchtern wie möglich zu beantworten, nicht wenig an; darum bin denn auch ich eines Tags der Frage anheimgefallen, was Dummheit wohl "wirklich" sei, und nicht, wie sie paradiere, was zu beschreiben weit eher meine Berufspflicht und -geschicklichkeit gewesen wäre. Und da ich mir weder auf dichterische Weise helfen wollte, noch es auf wissenschaftliche tun konnte, habe ich es auf das naivste versucht, wie es in solchen Fällen allemal naheliegt, indem ich einfach dem Gebrauch des Wortes dumm und seiner Familie nachging, die üblichsten Beispiele aufsuchte, und was ich gerade aufschrieb, aneinander zu bringen trachtete. Ein solches Verfahren hat leider immer etwas von einer Kohlweißlingsjagd an sich: Was man zu beobachten glaubt, verfolgt man zwar eine Weile, ohne es zu verlieren, aber da aus anderen Richtungen auf ganz gleichen Zickzackwegen auch andere, ganz ähnliche Schmetterlinge herankommen, weiß man bald nicht mehr, ob man noch hinter dem gleichen her sei. So werden also auch die Beispiele aus der Familie Dummheit nicht immer unterscheiden lassen, ob sie noch wirklich urständlich zusammenhängen oder bloß äußerlich und unversehens die Betrachtung vom einen zum andren führen, und es wird nicht ganz einfach sein, sie unter einen Hut zu bringen, von dem sich sagen läßt, er gehöre wirklich zu einem Dummkopf.

****

Wie man beginnt, ist unter solchen Umständen aber nahezu einerlei, lassen Sie uns also irgendwie beginnen: Am besten wohl gleich bei der Anfangsschwierigkeit, daß jeder, der über Dummheit sprechen oder solchem Gespräch mit Nutzen beiwohnen will, von sich voraussetzen muß, daß er nicht dumm sei; und also zur Schau trägt, daß er sich für klug halte, obwohl es allgemein für ein Zeichen von Dummheit gilt, das zu tun! Geht man nun auf diese Frage ein, warum es als dumm gelte, zur Schau zu tragen, daß man klug sei, so drängt sich zunächst eine Antwort auf, die den Staub von Urväterhausrat an sich zu haben scheint, denn sie meint, es sei vorsichtiger, sich nicht als klug zu zeigen. Es ist wahrscheinlich, daß diese tief mißtrauische, heute aufs erste gar nicht mehr verständliche Vorsicht noch aus Verhältnissen stammt, wo es für den Schwächeren wirklich klüger war, nicht für klug zu gelten: seine Klugheit konnte dem Starken ans Leben gehen! Dummheit hingegen lullt das Mißtrauen ein; sie "entwaffnet", wie noch heutigentags gesagt wird. Spuren solcher alten Pfiffigkeit und Dummlistigkeit finden sich denn auch wirklich noch in Abhängigkeitsverhältnissen, wo die Kräfte so ungleich verteilt sind, daß der Schwächere sein Heil darin sucht, sich dümmer zu stellen als er ist; sie zeigen sich zum Beispiel als sogenannte Bauernschlauheit, dann im Verkehr von Dienstboten mit der bildungszüngigen Herrschaft, im Verhältnis des Soldaten zum Vorgesetzten, des Schülers zum Lehrer und des Kindes zu den Eltern. Es reizt den, der die Macht hat, weniger, wenn der Schwache nicht kann, als wenn er nicht will. Dummheit bringt ihn sogar "in Verzweiflung", also unverkennbar in einen Schwächezustand!

Damit stimmt aufs trefflichste überein, daß ihn die Klugheit leicht "in Harnisch" bringt! Wohl wird sie am Unterwürfigen geschätzt, aber nur so lange, als sie mit bedingungsloser Ergebenheit verbunden ist. In dem Augenblick, wo ihr dieses Leumundszeugnis fehlt und es unsicher wird, ob sie dem Vorteil des Herrschenden dient, wird sie seltener klug genannt als unbescheiden, frech oder tückisch; und es entsteht oft ein Verhältnis, als ginge sie dem Herrschenden mindestens wider die Ehre und Autorität, auch wenn sie ihn nicht wirklich an seiner Sicherheit bedroht. In der Erziehung drückt sich das darin aus, daß ein aufsässiger begabter Schüler mit größerer Heftigkeit behandelt wird als ein aus Dumpfheit widerstrebender. In der Moral hat es zu der Vorstellung geführt, daß ein Wille um so böser sein müsse, je besser das Wissen sei, wider das er handle. Sogar die Justiz ist von diesem persönlichen Vorurteil nicht ganz unberührt geblieben und beurteilt die kluge Ausführung eines Verbrechens meist mit besonderer Ungunst als "raffiniert" und "gefühlsroh". Und aus der Politik mag sich jeder die Beispiele holen, wo er sie findet.

Aber auch die Dummheit – so wird hier wohl eingewandt werden müssen – vermag zu reizen und besänftigt durchaus nicht unter allen Umständen. Um es kurz zu machen, sie erregt gewöhnlich Ungeduld, sie erregt in ungewöhnlichen Fällen aber auch Grausamkeit; und die Abscheu einflößenden Ausschreitungen dieser krankhaften Grausamkeit, die landläufig als Sadismus bezeichnet werden, zeigen oft genug dumme Menschen in der Rolle des Opfers. Offenbar rührt dies davon her, daß sie den grausamen leichter als andere zur Beute fallen; aber es scheint auch damit zusammenzuhängen, daß ihre nach allen Seiten fühlbare Widerstandslosigkeit die Einbildung wild macht wie der Blutgeruch die Jagdlust und sie in eine Öde verlockt, wo die Grausamkeit beinahe bloß darum "zu weit" geht, weil sie an nichts mehr eine Grenze findet. Das ist ein Zug von Leiden am Leidenbringer selbst, eine Schwäche, die in seine Roheit eingebettet ist; und obwohl die bevorrechtete Empörung des beleidigten Mitgefühls es selten bemerken läßt, so gehören doch auch zur Grausamkeit, wie zur Liebe, zwei, die zueinander passen! Das zu erörtern, wäre nun freilich wichtig genug in einer Menschheit, die von ihrer "feigen Grausamkeit gegen Schwächere" (und so lautet doch wohl auch die gebräuchlichste Begriffsumschreibung des Sadismus) so geplagt ist wie die gegenwärtige; aber in Ansehung des verfolgten Zusammenhangs nach seiner Hauptlinie und beim flüchtigen Einsammeln der ersten Beispiele muß wohl auch das, was davon gesagt worden, schon als Abschweifung gelten, und im ganzen ist davon nicht mehr zu gewinnen, als daß es dumm sein kann, sich klug zu preisen, aber auch nicht immer klug ist, den Ruf der Dummheit zu erwecken. Es läßt sich daran nichts verallgemeinern; oder die einzige Verallgemeinerung, die schon hier zulässig wäre, müßte die sein, daß es das klügste sei, sich in dieser Welt überhaupt so wenig wie möglich bemerkbar zu machen! Und wirklich ist dieser abschließende Strich unter alle Weisheit auch nicht gar selten gezogen worden. Noch öfter aber wird von dem menschenscheuen Ergebnis bloß halber oder nur sinnbildlich-stellvertretender Gebrauch gemacht, und dann führt es die Betrachtung in den Kreis der Bescheidenheitsgebote und noch umfassenderer Gebote ein, ohne daß sie den Bereich der Dummheit und Klugheit ganz zu verlassen hätte.

Sowohl aus Angst, dumm zu erscheinen, als auch aus der, den Anstand zu verletzen, halten sich viele Menschen zwar für klug, sagen es aber nicht. Und wenn sie sich doch gezwungen fühlen, davon zu sprechen, umschreiben sie es, indem sie etwa von sich sagen: "Ich bin *nicht dümmer* als andere." Noch beliebter ist es, so unbeteiligt und sachlich wie möglich die Bemerkung anzubringen: "Ich darf von mir wohl sagen, daß ich eine normale Intelligenz besitze." Und manchmal kommt die Überzeugung von der eigenen Klugheit auch hintenherum zum Vorschein, so etwa in der Redensart: "Ich lasse mich nicht dumm machen!" Um so bemerkenswerter ist es, daß sich nicht nur der heimliche einzelne Mensch in seinen Gedanken als überaus klug und wohlausgestattet ansieht, sondern daß auch der geschichtlich wirkende Mensch von sich, sobald er die Macht dazu hat, sagt oder sagen läßt, daß er über alle Maßen klug, erleuchtet, würdig, erhaben, gnädig, von Gott auserlesen und zur Historie berufen sei. Ja, er sagt es auch von einem anderen gern, von dessen Widerspiegelung er sich bestrahlt fühlt. In Titeln und Anreden, wie Majestät, Eminenz, Exzellenz, Magnifizenz, Gnaden und ähnlichen hat sich das versteint erhalten und ist kaum noch von Bewußtsein beseelt; aber in voller Lebendigkeit zeigt es sich alsogleich wieder, wenn der Mensch heute als Masse spricht. Namentlich ein gewisser unterer Mittelstand des Geistes und der Seele ist dem Überhebungsbedürfnis gegenüber völlig schamlos, sobald er im Schutz der Partei, Nation, Sekte oder Kunstrichtung auftritt und Wir statt Ich sagen darf.

Mit einem Vorbehalt, wie er sich von selbst versteht und beiseite bleiben mag, läßt sich diese Überheblichkeit auch Eitelkeit nennen, und wirklich wird die Seele vieler Völker und Staaten heute von Gefühlen beherrscht, unter denen unleugbar die Eitelkeit einen vordersten Platz einnimmt; zwischen Dummheit und Eitelkeit besteht aber seit alters eine innige Beziehung, und vielleicht gibt sie einen Fingerzeig. Ein dummer Mensch wirkt gewöhnlich schon darum eitel, weil ihm die Klugheit fehlt, es zu verbergen; aber eigentlich bedarf es nicht erst dessen, denn die Verwandtschaft von Dummheit und Eitelkeit ist eine unmittelbare: Ein eitler Mensch erweckt den Eindruck, daß er weniger leistet, als er könnte; er gleicht einer Maschine, die ihren Dampf an einer undichten Stelle entweichen läßt. Der alte Spruch: "Dummheit und Stolz wachsen auf einem Holz" meint nichts als das, ebenso wie der Ausdruck, daß Eitelkeit "verblende". Es ist wirklich die Erwartung einer Minderleistung, was wir mit dem Begriff der Eitelkeit verbinden, denn das Wort "eitel" besagt in seiner Hauptbedeutung beinahe das gleiche wie "vergeblich". Und diese Verminderung der Leistung wird auch dort erwartet, wo in Wahrheit Leistung ist: Eitelkeit und Talent sind ja nicht selten auch miteinander verbunden; aber wir empfangen dann den Eindruck, es könnte noch mehr geleistet werden, hinderte sich der Eitle nicht selbst daran. Diese zäh anhaftende Vorstellung der Leistungsverminderung wird sich später auch als die allgemeinste Vorstellung herausstellen, die wir von Dummheit haben.

Das eitle Verhalten wird aber bekanntlich nicht nur darum gemieden, weil es dumm sein kann, sondern vornehmlich auch als Störung des Anstands. "Eigenlob stinkt", sagt ein Kernwort, und es bedeutet, daß Großsprecherei, viel von sich selbst zu reden und sich zu rühmen, nicht nur als unklug, sondern auch als unanständig gilt. Wenn ich nicht irre, gehören die davon verletzten Forderungen des Anstands zu den vielgestaltigen Geboten der Zurückhaltung und des Abstandhaltens, die dazu bestimmt sind, den Eigendünkel zu schonen, wobei vorausgesetzt wird, dieser sei in einem anderen nicht geringer als in einem selbst. Solche Distanzgebote richten sich auch gegen den Gebrauch zu offener Worte, regeln Gruß und Anrede, gestatten nicht, daß man einander ohne Entschuldigung widerspreche, oder daß ein Brief mit dem Worte Ich beginne, kurz, sie fordern die Beachtung gewisser Regeln, damit man einander nur nicht "zu nahe trete". Ihre Aufgabe ist es, den Umgang auszugleichen und zu ebnen, die Nächsten- und Eigenliebe zu erleichtern und gleichsam auch eine mittlere Temperatur des menschlichen Verkehrs zu erhalten; und solche Vorschriften finden sich in jeder Gesellschaft vor, in der primitiven sogar noch mehr als in der hochzivilisierten, ja auch die wortlose tierische kennt sie, was sich vielen ihrer Zeremonien leicht ablesen läßt. Im Sinne dieser Distanzgebote ist es aber nicht nur untersagt, sich selbst, sondern auch andere aufdringlich zu loben. Jemand ins Gesicht zu sagen, daß er ein Genie oder ein Heiliger sei, wäre fast ebenso ungeheuerlich, wie es von sich selbst zu behaupten, und sich selbst das Gesicht zu beschmieren und die Haare zu raufen, wäre nach heutigem Gefühl nicht besser, als einen andern zu beschimpfen. Man begnügt sich mit den Bemerkungen, daß man nicht gerade dümmer oder schlechter als andere sei, wie es denn auch vorhin schon erwähnt worden ist!

Es sind offenbar die maßlosen und zuchtlosen Äußerungen, worauf in geordneten Zuständen der Bann ruht. Und so vorhin von der Eitelkeit die Rede war; darin Völker und Parteien sich heute in Ansehung ihrer Erleuchtung überheben, muß jetzt nachgeholt werden, daß die sich auslebende Mehrzahl – geradeso wie der einzelne Größenwahnsinnige in seinen Tagträumen – nicht nur die Weisheit gepachtet hat, sondern auch die Tugend und sich tapfer, edel, unbesieglich, fromm und schön vorkommt; und daß in der Welt besonders ein Hang ist, daß sich die Menschen, wo sie in großer Zahl auftreten, alles gestatten, was ihnen einzeln verboten ist. Diese Vorrechte des groß gewordenen Wir machen heute geradezu den Eindruck, daß die zunehmende Zivilisierung und Zähmung der Einzelperson durch eine im rechten Verhältnis wachsende Entzivilisierung der Nationen, Staaten und Gesinnungsbünde ausgeglichen werden soll; und offenbar tritt darin eine Affektstörung, eine Störung des affektiven Gleichgewichts in Erscheinung, die im Grunde dem Gegensatz von Ich und Wir und auch aller moralischen Bewertung vorangeht. Aber ist das – wird man wohl fragen müssen – noch Dummheit, ja hängt es mit Dummheit auch nur auf irgend eine Art noch zusammen?

Verehrte Zuhörer! Niemand zweifelt daran! Aber lassen Sie uns lieber doch noch vor der Antwort an einem Beispiel, das nicht unliebenswürdig ist, Atem holen! Wir alle, wenn auch vornehmlich wir Männer, und besonders alle bekannten Schriftsteller, kennen die Dame, die uns durchaus den Roman ihres Lebens anvertrauen möchte und deren Seele sich anscheinend immer in interessanten Umständen befunden hat, ohne daß es zu einem Erfolg gekommen wäre, den sie vielmehr erst von uns erwartet. Ist diese Dame dumm? Irgend etwas aus der Fülle der Eindrücke Kommendes pflegt uns zuzuflüstern: Sie ist es! Aber die Höflichkeit wie auch die Gerechtigkeit erfordern die Einräumung, daß sie es nicht durchaus und immer ist. Sie spricht viel von sich, und sie spricht überhaupt viel. Sie urteilt sehr bestimmt und über alles. Sie ist eitel und unbescheiden. Sie belehrt uns oft. Sie ist gewöhnlich mit ihrem Liebesleben nicht in Ordnung, und überhaupt glückt ihr das Leben nicht so recht. Aber gibt es denn nicht andere Arten von Menschen, auf die alles oder das meiste davon auch zutrifft? Viel von sich zu sprechen, ist beispielsweise auch eine Unart der Egoisten, der Unruhigen und sogar einer Art von Schwermütigen. Und alles zusammen trifft vornehmlich auf die Jugend zu; bei der es geradezu unter die Wachstumserscheinungen gehört, viel von sich zu sprechen, eitel zu sein, belehrend und mit dem Lebennicht recht in Ordnung, mit einem Wort, genau die gleichen Abweichungen von Klugheit und Anstand aufzuweisen, ohne daß sie deshalb dumm wäre oder dümmer, als es auf natürliche Weise dadurch bedingt ist, daß sie – eben noch nicht klug geworden ist!

Meine Damen und Herrn! Die Urteile des täglichen Lebens und seiner Menschenkunde treffen eben wohl meistens zu, gewöhnlich aber auch noch daneben. Sie sind nicht um einer richtigen Lehre willen entstanden, sondern stellen eigentlich bloß geistige Zustimmungs- und Abwehrbewegungen dar. Auch dieses Beispiel lehrt also nur, daß etwas dumm sein kann, aber es nicht sein muß, daß die Bedeutung mit der Verbindung wechselt, in der etwas auftritt, und daß die Dummheit dicht verwoben mit anderem ist, ohne daß irgendwo der Faden hervorstünde, der das Gewebe in einem Zug auftrennen läßt. Sogar die Genialität und die Dummheit hängen unlöslich zusammen, und daß es, bei Androhung der Strafe, für dumm zu gelten, verboten ist, viel zu reden und viel von sich zu reden, wird von der Menschheit auf eigentümliche Weise umgangen: durch den Dichter. Er darf im Namen der Menschlichkeit erzählen, daß es ihm geschmeckt hat, oder daß die Sonne am Himmel steht, darf sich selbst offenbaren, Geheimnisse ausplaudern, Geständnisse machen, rücksichtslos persönliche Rechenschaft ablegen (wenigstens halten viele Dichter darauf!); und alles das sieht ganz so aus, als ob sich die Menschheit da in einer Ausnahme etwas gestattet, was sie sich sonst verböte.

Sie spricht auf diese Weise unablässig von sich selbst und hat mit Hilfe des Dichters die gleichen Geschichten und Erlebnisse schon millionenmal erzählt, bloß die Umstände abwandelnd, ohne daß irgendein Fortschritt und Sinnesgewinn für sie hervorgekommen wäre: sollte sie da, im Gebrauch, den sie von ihrer Dichtung macht, und in deren Anpassung an diesen Gebrauch, nicht am Ende auch der Dummheit verdächtig sein? Ich, für meine Person, halte das keineswegs für unmöglich!

Zwischen den Anwendungsbereichen der Dummheit und der Unmoral – letzteres Wort in dem heute nicht üblichen weiteren Sinn verstanden, der beinahe das gleiche wie Ungeistigkeit, aber nicht wie Unverständigkeit, ist – besteht jedenfalls eine verwickelte Identität und Verschiedenheit. Und dieses Zusammengehören ist ohne Zweifel ähnlich, wie es Joh. Ed. Erdmann an einer bedeutenden Stelle seines vorhin erwähnten Vortrags mit den Worten ausgedrückt hat, daß die Roheit "die Praxis der Dummheit" sei. Er sagte: "Worte sind... nicht die einzige Erscheinung eines Geisteszustandes.

Derselbe offenbart sich auch in Handlungen. So auch die Dummheit. Das Dumm- nicht nur sein, sondern handeln, das Dummheiten begehen" – also die Praxis der Dummheit – "oder die Dummheit in Action, nennen wir Rohheit." Diese gewinnende Behauptung lehrt nun nicht weniger, als daß Dummheit ein Gefühlsfehler sei – denn Roheit ist doch einer! Und das führt geradeswegs in die Richtung jener "Affektstörung " und "Störung des affektiven Gleichgewichts" zurück, die andeutungsweise schon erwähnt werden konnte, ohne daß sie eine Erklärung gefunden hätte. Auch die in Erdmanns Worten liegende Erklärung kann mit der Wahrheit nicht ganz übereinstimmen, denn abgesehen davon, daß sie bloß auf den rohen, ungeschliffenen einzelnen Menschen im Gegensatz zur "Bildung" gezielt hat und keineswegs alle Anwendungsformen der Dummheit umfaßt, ist doch auch die Roheit nicht bloß eine Dummheit und die Dummheit nicht bloß eine Roheit, und es bleibt darum an dem Verhältnis von Affekt und Intelligenz, wenn sie sich zur "angewandten Dummheit" vereinen, noch manches zu erklären, das erst, und am besten wohl wieder an Beispielen, hervorgekehrt werden muß.

*

Sollen dabei die Umrisse des Begriffes der Dummheit richtig hervortreten, ist es vor allem anderen nötig, das Urteil zu lockern, daß die Dummheit bloß oder vornehmlich ein Mangel an Verstand sei; wie denn auch schon erwähnt worden ist, daß die allgemeinste Vorstellung, die wir von ihr haben, die des Versagens bei den verschiedensten Tätigkeiten, die des körperlichen und geistigen Mangels schlechthin zu sein scheint. Es gibt dafür in unseren heimischen Mundarten ein ausdrucksvolles Beispiel, die Bezeichnung der Schwerhörigkeit, also eines körperlichen Fehlers, mit dem Worte "derisch" oder "terisch", das wohl "törisch" heißt und damit der Dummheit nahe steht. Denn genau so wie da wird der Vorwurf der Dummheit volksmäßig auch sonst gebraucht. Wenn ein Wettkämpfer im entscheidenden Augenblick nachläßt oder einen Fehler begeht, sagt er nachher: "Ich bin wie vernagelt gewesen!" oder: "Ich weiß nicht, wo ich meinen Kopf gehabt hab'!", obgleich der Anteil des Kopfes am Schwimmen oder Boxen immerhin als unscharf begrenzt gelten darf. Ebenso wird unter Knaben und Sportbrüdern einer, der sich ungeschickt anstellt, dumm heißen, auch wenn er ein Hölderlin ist. Auch gibt es geschäftliche Verhältnisse, unter denen ein Mensch, der nicht listig und gewissenlos ist, als dumm gilt. Alles in allem sind das die Dummheiten zu älteren Klugheiten als der, die heute öffentlich in Ehren steht; und wenn ich gut unterrichtet bin, sind in der altgermanischen Zeit nicht nur die moralischen Vorstellungen, sondern auch die Begriffe von dem, was kundig, erfahren, weise ist, also die intellektuellen Begriffe in Beziehung zu Krieg und Kampf gestanden. So hat jede Klugheit ihre Dummheit, und sogar die Tierpsychologie hat in ihren Intelligenzprüfungen herausgefunden, daß sich jedem "Typus von Leistung" ein "Typus von Dummheit" zuordnen lasse.

Wollte man darum einen allgemeinsten Begriff der Klugheit suchen, so ergäbe sich aus diesen Vergleichen etwa der Begriff der Tüchtigkeit, und alles, was untüchtig ist, könnte dann gelegentlich auch dumm heißen; in Wirklichkeit ist es auch dann so, wenn die zu einer Dummheit gehörende

Tüchtigkeit nicht wörtlich als Klugheit angesprochen wird. Welche Tüchtigkeit dabei im Vordergrund steht und zu einer Zeit den Begriff der Klugheit und Dummheit mit ihrem Inhalt erfüllt, hängt von der Form des Lebens ab. In Zeiten persönlicher Unsicherheit werden sich List, Gewalt, Sinnesschärfe und körperliche Geschicklichkeit im Begriff der Klugheit ausprägen, in Zeiten vergeistigter – mit den leider nötigen Einschränkungen läßt sich auch sagen: – bürgerlicher Lebensgesinnung tritt die Kopfarbeit an ihre Stelle. Richtiger gesagt, es sollte das die höhere Geistesarbeit tun, aber im Gang der Dinge ist daraus das Übergewicht der Verstandesleistung geworden, das der geschäftigen Menschheit in das leere Gesicht unter der harten Stirn geschrieben steht; und so ist es gekommen, daß heute Klugheit und Dummheit, als könnte es gar nicht anders sein, bloß auf den Verstand und die Grade seiner Tüchtigkeit bezogen werden, obwohl das mehr oder minder einseitig ist.

Die mit dem Worte dumm von Ursprung verbundene allgemeine Vorstellung der Untüchtigkeit – sowohl in der Bedeutung der Untüchtigkeit zu allem als auch in der Bedeutung jeder beliebigen Untüchtigkeit – hat denn auch eine recht eindrückliche Folge, nämlich die, daß "dumm" und "Dummheit", weil sie die generelle Unfähigkeit bedeuten, gelegentlich für jedes Wort einspringen können, das eine besondere bezeichnen soll. Das ist einer der Gründe, warum der gegenseitige Vorwurf der Dummheit heute so ungeheuerlich verbreitet ist. (In andrem Zusammenhang auch die Ursache davon, daß sich der Begriff so schwer abgrenzen läßt, wie unsere Beispiele gezeigt haben.)

Man sehe sich die Bemerkungen an, die sich an den Rändern anspruchsvollerer Romane vorfinden, die längere Zeit im fast anonymen Leihbüchereiverkehr gestanden sind; hier, wo der Leser mit dem Dichter allein ist, drückt sich sein Urteil mit Vorliebe in dem Worte "dumm!" aus oder in dessen Äquivalenten, wie "blöd!", "Unsinn!", "unaussprechliche Dummheit!" und ähnlichem. Und ebenso sind das die ersten Worte der Empörung, wenn der Mensch in Theateraufführungen oder Bilderausstellungen gegen den Künstler in Masse auftritt und Anstoß nimmt. Auch des Wortes "Kitsch" wäre hier zu gedenken, das als erstes Urteil unter Künstlern selbst so beliebt ist wie kein anderes; ohne daß sich aber, wenigstens meines Wissens nicht, sein Begriff bestimmen und seine Verwendbarkeit erklären ließe, es sei denn durch das Zeitwort "verkitschen", das in mundartlichem Gebrauch soviel besagt wie "unter dem Preis abgeben" oder "verschleudern". "Kitsch" hat also die Bedeutung von zu billiger oder Schleuderware und ich glaube wohl, daß sich dieser Sinn, natürlich ins Geistige übertragen, jedesmal unterlegen läßt, wo das Wort unbewußt richtig gebraucht wird.

Da Schleuderware, Kram hauptsächlich nach der mit ihnen verbundenen Bedeutung von untüchtiger, untauglicher Ware in das Wort eingehen, die Untüchtigkeit und Untauglichkeit aber auch die Grundlage für den Gebrauch des Wortes dumm bildet, ist es kaum eine Übertreibung zu behaupten, daß wir geneigt sind, alles, was uns nicht recht ist – zumal wenn wir es, abgesehen davon, als hoch oder schöngeistig zu achten vorgeben! – als "irgendwie dumm" anzusprechen. Und zur Bestimmung dieses "Irgendwie" ist es bedeutsam, daß der Gebrauch der Dummheitsausdrücke innig durchdrungen wird von einem zweiten, der die ebenso unvollkommenen Ausdrücke für das Gemeine und sittlich Widerwärtige umfaßt, was den Blick zu etwas zurückleitet, das ihm schon einmal aufgefallen ist, zu der Schicksalsgemeinschaft der Begriffe "dumm" und "unanständig". Denn nicht nur "Kitsch", der ästhetische Ausdruck intellektueller Herkunft, sondern auch die moralischen Worte "Dreck!", "widerlich!", "scheußlich!", "krankhaft!", "frech!" sind kernhaft-unentwickelte Kunstkritiken und Urteile über das Leben. Vielleicht enthalten diese Ausdrücke aber noch eine geistige Anstrengung, einen Unterschied an Bedeutung, auch wenn sie unterschiedslos benutzt werden; dann springt als letztes für sie der wirklich schon halb sprachlose Ausruf "Solch eine Gemeinheit!" ein, der alles andere ersetzt und sich mit dem Ausruf "Solch eine Dummheit!" in die Herrschaft der Welt zu teilen vermag. Denn offenbar ist es so, daß diese beiden Worte gelegentlich für alle anderen einspringen können, weil "dumm" die Bedeutung der generellen Untüchtigkeit und "gemein" die der generellen Sittenverletzung angenommen hat; und belauscht man, was Menschen heute übereinander sagen, so scheint es, daß das Selbstporträt der Menschheit, wie es unbeaufsichtigt aus gegenseitigen Gruppenaufnahmen entsteht, durchaus nur aus den Abwandlungen dieser beiden mißfarbenen Worte gemischt ist!

Vielleicht lohnt es sich, darüber nachzudenken. Sonder Zweifel stellen sie beide die unterste Stufe eines nicht zur Ausbildung gelangenden Urteils, eine noch völlig ungegliederte Kritik dar, die wohl fühlt, etwas sei falsch, aber nicht anzugeben vermag, was. Der Gebrauch dieser Worte ist der schlichteste und der schlechteste abwehrende Ausdruck, der sich finden läßt, er ist der Anfang einer Erwiderung und schon auch ihr Ende. Das hat etwas von einem "Kurzschluß" an sich und wird besser verständlich, wenn berücksichtigt wird, daß Dumm und Gemein, was immer sie bedeuten mögen, auch als Schimpfworte benutzt werden. Denn die Bedeutung von Schimpfworten liegt bekanntlich nicht so sehr an ihrem Inhalt als an ihrem Gebrauch; und viele unter uns mögen die Esel lieben, werden aber beleidigt sein, wenn man sie einen nennt. Das Schimpfwort vertritt nicht, was es vorstellt, sondern ein Gemisch von Vorstellungen, Gefühlen und Absichten, das es nicht im mindesten auszudrücken, sondern nur zu signalisieren vermag. Nebenbei bemerkt, ist ihm das mit den Mode- und Fremdworten gemeinsam, weshalb solche unentbehrlich erscheinen, auch wenn sie sich vollkommen ersetzen ließen. Aus diesem Grunde ist an Schimpfworten auch etwas unvorstellbar Aufregendes, das wohl mit ihrer Absicht übereinstimmt, aber nicht mit ihrem Inhalt; und am deutlichsten zeigt sich das vielleicht an den Hänsel- und Neckworten der Jugend: ein Kind kann "Busch!" oder "Moritz!" sagen und damit ein anderes auf Grund geheimer Beziehungen in Raserei versetzen.

Was sich so von den Schimpf-, Neck-, Mode- und Fremdworten sagen läßt, läßt sich aber auch von den Witz-, Schlag- und Liebesworten sagen; und das Gemeinsame aller dieser, sonst so ungleichartigen, Worte ist es, daß sie im Dienst eines Affekts stehn und daß es gerade ihre Ungenauigkeit und ihre Unsachlichkeit sind, was sie im Gebrauch befähigt, ganze Bereiche besser zutreffender, sachlicher und richtiger Worte zu verdrängen. Offenbar besteht im Leben manchmal ein Bedürfnis darnach, und sein Wert soll ihm gelassen werden; aber dumm, sozusagen die gleichen Wege wandelnd wie die Dummheit, ist es ohne Zweifel, was in solchen Fällen geschieht; dieser Zusammenhang läßt sich am deutlichsten an einem Haupt- und Staatsbeispiel der Kopflosigkeit, an der Panik studieren.

Wenn etwas auf einen Menschen einwirkt, das zu stark für ihn ist, sei es ein jäher Schreck oder ein anhaltender seelischer Druck, so kommt es vor, daß dieser Mensch plötzlich "etwas Kopfloses" tut. Er kann zu brüllen beginnen, im Grunde nicht anders, als es ein Kind macht, kann "blindlings" vor einer Gefahr davonlaufen oder sich ebenso blindlings in die Gefahr stürzen, eine berstende Neigung zum Zerstören, zum Schimpfen oder zum Jammern kann ihn erfassen. Alles in allem wird er an Stelle einer zweckmäßigen Handlung, die von seiner Lage gefordert würde, eine Fülle anderer hervorbringen, die scheinbar immer, allzu oft aber auch wirklich zwecklos, ja zweckwidrig sind. Man kennt diese Art des Widerspiels am besten durch den "panischen Schreck"; aber wenn das Wort nicht zu eng verstanden wird, läßt sich auch von Paniken der Wut, der Gier und sogar der Zärtlichkeit sprechen, wie denn auch überall dort, wo sich ein Aufregungszustand auf eine ebenso lebhafte wie blinde und sinnlose Weise nicht genugtun kann. Daß es eine Panik der Tapferkeit gebe, die sich von der der Angst bloß durch die umgekehrte Wirkungsrichtung unterscheide, ist von einem ebenso geistvollen wie tapferen Manne bereits längst bemerkt worden.

Psychologisch wird das, was sich beim Eintreten einer Panik abspielt, als ein Aussetzen der Intelligenz, und überhaupt der höheren geistigen Artung, angesehen, an deren Stelle älteres seelisches Getriebe zum Vorschein kommt; aber es darf wohl hinzugefügt werden, daß mit der Lähmung und Abschnürung des Verstandes in solchen Fällen nicht sowohl ein Hinabsinken zum instinktiven Handeln vor sich geht als vielmehr eines, das durch diesen Bereich hindurch bis zu einem Instinkt der letzten Not und einer letzten Notform des Handelns führt. Diese Handlungsweise hat die Form völliger Verwirrung, sie ist planlos und scheinbar von der Vernunft wie von jedem rettenden Instinkt verlassen; aber ihr unbewußter Plan ist der, die Qualität der Handlungen durch deren Zahl zu ersetzen, und ihre nicht geringe List beruht auf der Wahrscheinlichkeit, daß sich unter hundert blinden Versuchen, die Nieten sind, auch ein Treffer findet. Ein Mensch in seiner Kopflosigkeit, ein Insekt, das so lange gegen die geschlossene Fensterhälfte stößt, bis es durch Zufall bei der geöffneten ins Freie "stürzt", sie tun in Verwirrung nichts anderes, als es mit berechnender Überlegung die Kriegstechnik tut, wenn sie ein Ziel mit einer Feuergarbe oder mit Streufeuer "eindeckt", ja schon wenn sie ein Schrapnell oder eine Granate anwendet.

Mit anderen Worten heißt das, ein gezieltes Handeln durch ein voluminöses vertreten zu lassen, und nichts ist so menschlich, wie die Beschaffenheit von Worten oder Handlungen durch deren Menge zu ersetzen. Nun ist an dem Gebrauch undeutlicher Worte aber etwas sehr dem Gebrauch vieler Worte Ähnliches, denn je undeutlicher ein Wort ist, um so größer ist der Umfang dessen, worauf es bezogen werden kann; und von der Unsachlichkeit gilt das gleiche. Sind diese dumm, so ist Dummheit durch sie mit dem Zustand der Panik verwandt, und auch der übermäßige Gebrauch dieses Vorwurfs und seinesgleichen wird einem seelischen Rettungsversuch mit archaisch-primitiven – und, wie wohl mit Recht gesagt werden kann, krankhaften – Methoden nicht allzu fern stehen. Und wirklich läßt sich an dem rechten Gebrauch des Vorwurfs, etwas sei wahrhaftig eine Dummheit oder eine Gemeinheit, nicht nur ein Aussetzen der Intelligenz erkennen, sondern auch die blinde Neigung zum sinnlosen Zerstören oder Flüchten. Diese Worte sind nicht nur Schimpfworte, sondern sie vertreten einen ganzen Schimpfanfall. Wo etwas bloß noch durch sie ausgedrückt werden kann, ist die Tätlichkeit nahe. Auf früher erwähnte Beispiele zurückzukommen, Bilder werden insolchen Fällen mit Regenschirmen angegriffen (noch dazu an Stelle dessen, der sie gemalt hat), Bücher werden, als ließen sie sich so entgiften, zur Erde geschleudert. Aber auch der entmächtigende Druck ist vorhanden, der dem vorangeht und von dem es befreien soll: man "erstickt fast" an seinem Ärger; "kein Wort genügt", außer eben den allgemeinsten und sinnärmsten; es bleibt einem "die Sprache weg", man muß sich "Luft schaffen". Das ist der Grad der Sprachlosigkeit, ja Gedankenlosigkeit, der dem Zerbersten vorangeht! Er bedeutet einen schweren Zustand der Unzulänglichkeit, und schließlich wird der Ausbruch dann gewöhnlich mit den tief durchsichtigen Worten eingeleitet, daß einem "endlich etwas zu dumm geworden" sei. Dieses Etwas ist man aber selbst. In Zeiten, wo große, zupackende Tatkraft sehr geschätzt wird, ist es notwendig, sich auch an das zu erinnern, was ihr manchmal zum Verwechseln ähnlich sieht.

****

Meine Damen und Herren! Man spricht heute vielfach von einer Vertrauenskrisis der Humanität, einer Krisis des Vertrauens, das bis jetzt noch in die Menschlichkeit gesetzt wird; sie ließe sich auch eine Panik nennen, die im Begriffe ist, an die Stelle der Sicherheit zu treten, daß wir imstande seien, unsere Angelegenheiten in Freiheit und mit Vernunft zu führen. Und wir dürfen uns nicht darin täuschen, daß diese beiden sittlichen, und auch sittlich-künstlerischen Begriffe, Freiheit und Vernunft, die als Wahrzeichen der Menschenwürde aus dem klassischen Zeitalter der deutschen Weltbürgerlichkeit auf uns gekommen sind, schon seit der Mitte des neunzehnten Jahrhunderts oder einem wenigen später nicht mehr so ganz bei Gesundheit gewesen sind. Sie sind allmählich "außer Kurs" gekommen, man hat nichts mehr mit ihnen "anzufangen" gewußt, und daß man sie einschrumpfen ließ, ist weniger der Erfolg ihrer Gegner als der ihrer Freunde gewesen. Wir dürfen uns also auch nicht darin täuschen, daß wir, oder die nach uns, wohl nicht zu diesen unveränderten Vorstellungen zurückkehren werden; unsere Aufgabe, und der Sinn der dem Geist auferlegten Prüfungen, wird es vielmehr sein – und das ist die so selten begriffene schmerzlich-hoffnungsvolle Aufgabe eines jeden Zeitgeschlechts – den immer nötigen, ja sehr erwünschten Übergang zum Neuen mit möglichst geringen Verlusten zu vollziehen! Und um so mehr, als man den Übergang auf bewahrend-veränderte Ideen, der zur rechten Zeit stattfinden muß, verabsäumt hat, bedarf man bei solchem Tun helfender Vorstellungen von dem, was wahr, vernünftig, bedeutend, klug, und also in verkehrter Spiegelung auch von dem, was dumm ist.

Welcher Begriff oder Teilbegriff der Dummheit läßt sich aber bilden, wenn der des Verstandes und der Weisheit wankt? Wie sehr sich die Anschauungen mit den Zeiten ändern, dafür möchte ich als ein kleines Beispiel bloß anführen, daß in einem ehedem sehr bekannten psychiatrischen Lehrbuch die Frage: "Was ist Gerechtigkeit?" und die Antwort darauf: "daß der *andere* bestraft wird!" als ein Fall von Imbezillität angeführt werden, wogegen sie heute die Grundlage einer viel erörterten Rechtsauffassung bilden. Ich fürchte also, daß sich selbst die bescheidensten Ausführungen nicht werden abschließen lassen, ohne auf einen von zeitlichen Wandlungen unabhängigen Kern wenigstens hinzudeuten. So ergeben sich noch einige Fragen und Bemerkungen.

Ich habe kein Recht, als Psychologe aufzutreten, und will es auch nicht tun, aber wenigstens einen flüchtigen Blick in diese Wissenschaft zu werfen, ist wohl das erste, wovon man sich in unserem Fall Hilfe erhoffen wird. Die ältere Psychologie hat zwischen Empfindung, Wille, Gefühl und Vorstellungsvermögen oder Intelligenz unterschieden, und für sie ist es klar gewesen, daß Dummheit ein geringer Grad von Intelligenz sei.

Die heutige Psychologie hat die elementare Unterscheidung der Seelenvermögen aber ihrer Wichtigkeit entkleidet, hat die gegenseitige Abhängigkeit und Durchdringung der verschiedenen Leistungen der Seele erkannt und – hat damit die Antwort auf die Frage, was Dummheit psychologisch bedeute, viel weniger einfach gemacht. Es gibt natürlich eine bedingte Selbständigkeit der Verstandesleistung auch nach heutiger Auffassung, doch sind dabei selbst in den ruhigsten Verhältnissen Aufmerksamkeit, Auffassung, Gedächtnis und anderes, ja beinahe alles, was dem Verstand angehört, wahrscheinlich auch von den Eigenschaften des Gemüts abhängig; wozu dann überdies noch im bewegten Erleben ebenso wie im durchgeistigten eine zweite Durchdringung von Intelligenz und Affekt kommt, die schier unlöslich ist. Und diese Schwierigkeit, Verstand und Gefühl im Begriff der Intelligenz auseinanderzuhalten, spiegelt sich natürlich auch im Begriff der Dummheit wider; und wenn zum Beispiel von der medizinischen Psychologie das Denken geistesschwacher Menschen mit Worten beschrieben wird wie: arm, ungenau, unfähig der Abstraktion, unklar, langsam, ablenkbar, oberflächlich, einseitig, steif, umständlich, überbeweglich, zerfahren, so läßt sich ohneweiters erkennen, daß diese Eigenschaften teils auf den Verstand, teils auf das Gefühl hinweisen. Man darf also wohl sagen: Dummheit und Klugheit hängen sowohl vom Verstand als auch vom Gefühl ab; und ob das eine oder das andere mehr, ob zum Beispiel bei der Imbezillität die Schwäche der Intelligenz "im Vordergrund steht" oder bei manchem angesehenen moralischen Rigoristen die Lahmheit des Gefühls, das mag den Fachleuten überlassen bleiben, indes wir Laien uns auf etwas freiere Weise behelfen müssen.

Im Leben versteht man unter einem dummen Menschen gewöhnlich einen, der "ein bißchen schwach im Kopf" ist. Außerdem gibt es aber auch die verschiedenartigsten geistigen und seelischen Abweichungen, von denen selbst eine unbeschädigt eingeborene Intelligenz so behindert und durchkreuzt und irregeführt werden kann, daß es im ganzen auf etwas hinausläuft, wofür dann die Sprache wieder nur das Wort Dummheit zur Verfügung hat. Dieses Wort umfaßt also zwei im Grunde sehr verschiedene Arten: eine ehrliche und schlichte Dummheit und eine andere, die, ein wenig paradox, sogar ein Zeichen von Intelligenz ist. Die erstere beruht eher auf einem schwachen Verstand, die letztere eher auf einem Verstand, der bloß im Verhältnis zu irgend etwas zu schwach ist, und diese ist die weitaus gefährlichere.

Die ehrliche Dummheit ist ein wenig schwer von Begriff und hat, was man eine "lange Leitung" nennt. Sie ist arm an Vorstellungen und Worten und ungeschickt in ihrer Anwendung. Sie bevorzugt das Gewöhnliche, weil es sich ihr durch seine öftere Wiederholung fest einprägt, und wenn sie einmal etwas aufgefaßt hat, ist sie nicht geneigt, es sich so rasch wieder nehmen zu lassen, es analysieren zu lassen oder selbst daran zu deuteln. Sie hat überhaupt nicht wenig von den roten Wangen des Lebens! Zwar ist sie oft unbestimmt in ihrem Denken, und die Gedanken stehen ihr vor neuen Erfahrungen leicht ganz still, aber dafür hält sie sich auch mit Vorliebe an das sinnlich Erfahrbare, das sie gleichsam an den Fingern abzählen kann. Mit einem Wort, sie ist die liebe "helle Dummheit", und wenn sie nicht manchmal auch so leichtgläubig, unklar und zugleich so unbelehrbar wäre, daß es einen zur Verzweiflung bringen kann, so wäre sie eine überaus anmutige Erscheinung.

Ich mag mir nicht versagen, diese Erscheinung noch mit einigen Beispielen auszuzieren, die sie auch von anderen Seiten zeigen und die ich Bleulers Lehrbuch der Psychiatrie entnommen habe: Ein Imbeziller drückt, was wir mit der Formel "Arzt am Krankenbett" abtäten, mit den Worten aus: "Ein Mann, der hält dem andern die Hand, der liegt im Bett, dann steht da eine Nonne." Es ist die Ausdrucksweise eines malenden Primitiven! Eine nicht ganz klare Magd betrachtet es als schlechten Scherz, wenn man ihr zumutet, sie solle ihr Erspartes der Kasse übergeben, wo es Zinsen trage:

So dumm werde niemand sein, ihr noch etwas dafür zu bezahlen, daß er ihr das Geld aufbewahre! gibt sie zur Antwort; und es drückt sich darin eine ritterliche Gesinnung aus, ein Verhältnis zum Geld, das man vereinzelt noch in meiner Jugend an vornehmen alten Leuten hat wahrnehmen können! Einem dritten Imbezillen endlich wird es symptomatisch aufgeschwärzt, daß er behauptet, ein Zweimarkstück sei weniger wert als ein Markstück und zwei halbe, denn – so lautet seine Begründung: man müsse es wechseln, und dann bekäme man zu wenig heraus! Ich hoffe, nicht der einzige Imbezille in diesem Saal zu sein, der dieser Werttheorie für Menschen, die beim Wechseln nicht aufpassen können, herzlich zustimmt!

Um aber nochmals auf das Verhältnis zur Kunst zurückzukehren, die schlichte Dummheit ist wirklich oft eine Künstlerin. Statt auf ein Reizwort mit einem andern Wort zu erwidern, wie es in manchen Experimenten einstens sehr üblich war, gibt sie gleich ganze Sätze zur Antwort, und man mag sagen, was man will, diese Sätze haben etwas wie Poesie in sich! Ich wiederhole, indem ich zuerst das Reizwort nenne, einige von solchen Antworten:

"Anzünden: Der Bäcker zündet das Holz an.

Winter: Besteht aus Schnee.

Vater: Der hat mich einmal die Treppe hinuntergeworfen.

Hochzeit: Dient zur Unterhaltung.

Garten: In dem Garten ist immer schön Wetter.

Religion: Wenn man in die Kirche geht.

Wer war Wilhelm Tell: Man hat ihn im Wald gespielt; es waren verkleidete Frauen und Kinder dabei.

Wer war Petrus: Er hat dreimal gekräht."

Die Naivität und große Körperlichkeit solcher Antworten, der Ersatz höherer Vorstellungen durch das Erzählen einer einfachen Geschichte, das wichtige Erzählen von Überflüssigem, von Umständen und Beiwerk, dann wieder das abkürzende Verdichten wie in dem Petrus-Beispiel, das sind uralte Praktiken der Dichtung; und wenn ich auch glaube, daß ein Zuviel davon, wie es recht in Schwang ist, den Dichter dem Idioten annähert, so ist doch auch das Dichterische in diesem nicht zu verkennen, und es fällt ein Licht darauf, daß der Idiot in der Dichtung mit einer eigentümlichen Freude an seinem Geist dargestellt werden kann.

Zu dieser ehrlichen Dummheit steht nun die anspruchsvolle höhere in einem wahrhaft nur zu oft schreienden Gegensatz. Sie ist nicht sowohl ein Mangel an Intelligenz als vielmehr deren Versagen aus dem Grunde, daß sie sich Leistungen anmaßt, die ihr nicht zustehen; und sie kann alle schlechten Eigenschaften des schwachen Verstandes an sich haben, hat aber außerdem auch noch alle die an sich, die ein nicht im Gleichgewicht befindliches, verwachsenes, ungleich bewegliches, kurz, ein jedes Gemüt verursacht, das von der Gesundheit abweicht. Weil es keine "genormten" Gemüter gibt, drückt sich, richtiger gesagt, in dieser Abweichung ein ungenügendes Zusammenspiel zwischen den Einseitigkeiten des Gefühls und einem Verstand aus, der zu ihrer Zügelung nicht hinreicht. Diese höhere Dummheit ist die eigentliche Bildungskrankheit (aber um einem Mißverständnis entgegenzutreten: sie bedeutet Unbildung, Fehlbildung, falsch zustande gekommene Bildung, Mißverhältnis zwischen Stoff und Kraft der Bildung), und sie zu beschreiben, ist beinahe eine unendliche Aufgabe.

Sie reicht bis in die höchste Geistigkeit; denn ist die echte Dummheit eine stille Künstlerin, so die intelligente das, was an der Bewegtheit des Geisteslebens, vornehmlich aber an seiner Unbeständigkeit und Ergebnislosigkeit mitwirkt. Schon vor Jahren habe ich von ihr geschrieben: "Es gibt schlechterdings keinen bedeutenden Gedanken, den die Dummheit nicht anzuwenden verstünde, sie ist allseitig beweglich und kann alle Kleider der Wahrheit anziehen. Die Wahrheit dagegen hat jeweils nur ein Kleid und einen Weg und ist immer imNachteil." Die damit angesprochene Dummheit ist keine Geisteskrankheit, und doch ist sie die lebensgefährlichste, die dem Leben selbst gefährliche Krankheit des Geistes.

Wir sollten sie gewiß jeder schon in uns verfolgen, und nicht erst an ihren großen geschichtlichen Ausbrüchen erkennen. Aber woran sie erkennen? Und welches unverkennbare Brandmal ihr aufdrücken?! Die Psychiatrie benutzt heute als Hauptkennzeichen für die Fälle, die sie angehen, die Unfähigkeit, sich im Leben zurechtzufinden, das Versagen vor allen Aufgaben, die es stellt, oder auch plötzlich vor einer, wo es nicht zu erwarten wäre. Auch in der experimentellen Psychologie, die es vornehmlich mit dem Gesunden zu tun hat, wird die Dummheit ähnlich definiert. "Dumm nennen wir ein Verhalten, das eine Leistung, für die alle Bedingungen bis auf die persönlichen gegeben sind, nicht vollbringt", schreibt ein bekannter Vertreter einer der neuesten Schulen dieser Wissenschaft. Dieses Kennzeichen der Fähigkeit sachlichen Verhaltens, der Tüchtigkeit also, läßt für die eindeutigen "Fälle" der Klinik oder der Affenversuchsstation nichts zu wünschen übrig, aber die frei herumlaufenden "Fälle" machen einige Zusätze nötig, weil das richtige oder falsche "Vollbringen der Leistung" bei ihnen nicht immer so einleuchtend ist. Erstens liegt doch in der Fähigkeit, sich allezeit so zu verhalten, wie es ein lebenstüchtiger Mensch unter gegebenen Umständen tut, schon die ganze höhere Zweideutigkeit der Klugheit und Dummheit, denn das "sachgemäße", "sachkundige" Verhalten kann die Sache zum persönlichen Vorteil benutzen oder ihr dienen, und wer das eine tut, pflegt den, der das andre tut, für dumm zu halten. (Aber medizinisch dumm ist eigentlich nur, wer weder das eine noch das andere kann.) Und zweitens läßt sich auch nicht leugnen, daß ein unsachliches Verhalten, ja sogar ein unzweckmäßiges, oft notwendig sein kann, denn Objektivität und Unpersönlichkeit, Subjektivität und Unsachlichkeit haben Verwandtschaft miteinander, und so lächerlich die unbeschwerte Subjektivität ist, so lebens-, ja denkunmöglich ist natürlich ein völlig objektives Verhalten; beides auszugleichen, ist sogar eine der Hauptschwierigkeiten unserer Kultur. Und schließlich wäre auch noch einzuwenden, daß sich gelegentlich keiner so klug verhält, wie es nötig wäre, daß jeder von uns also, wenn schon nicht immer, so doch von Zeit zu Zeit dumm ist. Es ist darum auch zu unterscheiden zwischen Versagen und Unfähigkeit, gelegentlicher oder funktioneller und beständiger oder konstitutioneller Dummheit, zwischen Irrtum und Unverstand. Es gehört das zum wichtigsten, weil die Bedingungen des Lebens heute so sind, so unübersichtlich, so schwer, so verwirrt, daß aus den gelegentlichen Dummheiten der einzelnen leicht eine konstitutionelle der Allgemeinheit werden kann. Das fuhrt die Beobachtung also schließlich auch aus dem Bereich persönlicher Eigenschaften hinaus zu der Vorstellung einer mit geistigen Fehlern behafteten Gesellschaft. Man kann zwar, was psychologisch-real im Individuum vor sich geht, nicht auf Sozietäten übertragen, also auch nicht Geisteskrankheiten und Dummheit, aber man dürfte heute wohl vielfach von einer "sozialen Imitation geistiger Defekte" sprechen können; die Beispiele dafür sind recht aufdringlich.

****

Mit diesen Zusätzen ist der Bereich der psychologischen Erklärung natürlich wieder überschritten worden. Sie selbst lehrt uns, daß ein kluges Denken bestimmte Eigenschaften hat, wie Klarheit, Genauigkeit, Reichtum, Löslichkeit trotz Festigkeit und viele andere, die sich aufzählen ließen; und daß diese Eigenschaften zum Teil angeboren sind, zum Teil neben den Kenntnissen, die man sich aneignet, auch als eine Art Denkgeschicklichkeit erworben werden; bedeuten doch ein guter Verstand und ein geschickter Kopf so ziemlich das gleiche. Hierbei ist nichts zu überwinden als Trägheit und Anlage, das läßt sich auch schulen, und das komische Wort "Denksport" drückt nicht einmal so übel aus, worauf es ankommt.

Die "intelligente" Dummheit hat dagegen nicht sowohl den Verstand als vielmehr den Geist zum Widerpart, und wenn man sich darunter nicht bloß ein Häuflein Gefühle vorstellen will, auch das Gemüt. Weil sich Gedanken und Gefühle gemeinsam bewegen, aber auch weil sich in ihnen der gleiche Mensch ausdrückt, lassen sich Begriffe wie Enge, Weite, Beweglichkeit, Schlichtheit, Treue auf das Denken wie auf das Fühlen anwenden; und mag der daraus entstehende Zusammenhang selbst noch nicht ganz klar sein, so genügt es doch, um sagen zu können, daß zum Gemüt auch Verstand gehört und daß unsere Gefühle nicht außer Verbindung mit Klugheit und Dummheit sind. Gegen diese Dummheit ist durch Vorbild und Kritik zu wirken.

Die damit vorgetragene Auffassung weicht von der üblichen Meinung ab, die durchaus nicht falsch, wohl aber äußerst einseitig ist und nach der ein tiefes, echtes Gemüt des Verstandes nicht brauchte, ja durch ihn bloß verunreinigt würde. Die Wahrheit ist, daß an schlichten Menschen gewisse wertvolle Eigenschaften, wie Treue, Beständigkeit, Reinheit des Fühlens und ähnliche ungemischt hervortreten, aber das doch eigentlich nur tun, weil der Wettbewerb der anderen schwach ist; und ein Grenzfall davon ist uns vorhin im Bilde des freundlich zusagenden Schwachsinns zu Gesicht gekommen. Nichts liegt mir ferner, als das gute, rechtschaffene Gemüt mit diesen Ausführungen erniedrigen zu wollen – sein Fehlen hat sogar geziemlichen Anteil an der höheren Dummheit! – aber noch wichtiger ist es heute, ihm den Begriff des Bedeutenden voranzusetzen, was ich freilich nur noch gänzlich utopischerweise erwähne.

Das Bedeutende vereint die Wahrheit, die wir an ihm wahrnehmen können, mit den Eigenschaften des Gefühls, die unser Vertrauen haben, zu etwas Neuem, zu einer Einsicht, aber auch zu einem Entschluß, zu einem erfrischten Beharren, zu irgend etwas, das geistigen und seelischen Gehalt hat und uns oder anderen ein Verhalten "zumutet"; so ließe sich sagen, und was im Zusammenhang mit der Dummheit das wichtigste ist, das Bedeutende ist an der Verstandes- wie an der Gefühlsseite der Kritik zugänglich. Das Bedeutende ist auch der gemeinsame Gegensatz von Dummheit und Roheit, und das allgemeine Mißverhältnis, worin heute die Affekte die Vernunft zerdrücken, statt sie zu beflügeln, schmilzt im Begriff der Bedeutung zu. Genug von ihm, ja vielleicht schon mehr, als zu verantworten sein möchte! Denn sollte noch etwas hinzugefügt werden müssen, so könnte es nur das eine sein, daß mit allem Gesagten durchaus noch kein sicheres Erkennungs- und Unterscheidungszeichen des Bedeutenden gegeben ist und daß wohl auch nicht leicht ein ganz genügendes gegeben werden könnte. Gerade das führt uns aber auf das letzte und wichtigste Mittel gegen die Dummheit: auf die Bescheidung.

Gelegentlich sind wir alle dumm; wir müssen gelegentlich auch blind oder halbblind handeln, oder die Welt stünde still; und wollte einer aus den Gefahren der Dummheit die Regel ableiten: "Enthalte dich in allem des Urteils und des Entschlusses, wovon du nicht genug verstehst!", wir erstarrten! Aber diese Lage, von der heute recht viel Aufhebens gemacht wird, ist ähnlich einer, die uns auf dem Gebiet des Verstandes längst vertraut ist. Denn weil unser Wissen und Können unvollendet ist, müssen wir in allen Wissenschaften im Grunde voreilig urteilen, aber wir bemühen uns und haben es erlernt, diesen Fehler in bekannten Grenzen zu halten und bei Gelegenheit zu verbessern, wodurch doch wieder Richtigkeit in unser Tun kommt. Nichts spricht eigentlich dagegen, dieses exakte und stolz-demütige Urteilen und Tun auch auf andere Gebiete zu übertragen; und ich glaube, der Vorsatz: Handle, so gut du kannst und so schlecht du mußt, und bleibe dir dabei der Fehlergrenzen deines Handelns bewußt! wäre schon der halbe Weg zu einer aussichtsvollen Lebensgestaltung.

Aber ich bin mit diesen Andeutungen schon eine Weile am Ende meiner Ausführungen, die, wie ich schützend vorgekehrt habe, nur eine Vorstudie bedeuten sollen. Und ich erkläre mich, den Fuß auf der Grenze, außerstande, weiterzugehen; denn einen Schritt über den Punkt, wo wir halten, hinaus, und wir kämen aus dem Bereich der Dummheit, der selbst theoretisch noch abwechslungsreich ist, in das Reich der Weisheit, eine öde und im allgemeinen gemiedene Gegend.

Nachlaß zu Lebzeiten

Vorbemerkung

Warum Nachlaß? Warum zu Lebzeiten?

Es gibt dichterische Hinterlassenschaften, die große Geschenke sind; aber in der Regel haben die Nachlässe eine verdächtige Ähnlichkeit mit Ausverkäufen wegen Auflösung des Geschäfts und mit Billigergeben. Die Beliebtheit, deren sie sich trotzdem erfreuen, mag dann davon kommen, daß die Lesewelt eine verzeihliche Schwäche für einen Dichter hat, der sie zum letztenmal in Anspruch nimmt. Wie immer das aber auch sei und was immer sich von der Frage vermuten ließe, wann ein Nachlaß von Wert sei, und wann bloß einer vom Werte: ich habe jedenfalls beschlossen, die Herausgabe des meinen zu verhindern, ehe es soweit kommt, daß ich das nicht mehr tun kann. Und das verläßlichste Mittel dazu ist, daß man ihn selbst bei Lebzeiten herausgibt; mag das nun jedem einleuchten oder nicht. Aber kann man denn überhaupt noch von Lebzeiten sprechen? Hat sich der Dichter deutscher Nation nicht schon längst überlebt? Es sieht so aus, und genau genommen, hat es, so weit ich zurückzudenken vermag, immer so ausgesehn, und ist bloß seit einiger Zeit in einen entscheidenden Abschnitt getreten. Das Zeitalter, das den Maßschuh aus fertigen Teilen hervorgebracht hat, und den fertigen Anzug in individueller Anpassung, scheint auch den aus fertigen Innen- und Außenteilen zusammengesetzten Dichter hervorbringen zu wollen. Schon lebt der Dichter nach eigenem Maß beinahe allerorten in einer tiefen Abgeschiedenheit vom Leben, und hat doch nicht mit den Toten die Kunst gemeinsam, daß sie kein Haus brauchen und kein Essen und Trinken. So günstig sind die Lebzeiten den Nachlässen. Auf die Benennung dieses Büchleins und seine Entstehung ist das nicht ohne Einfluß geblieben.

Umso sorgfältiger müßte man natürlich mit seinen letzten Worten, auch wenn sie nur vorgespiegelt sind, umgehn. Inmitten einer donnernden und ächzenden Welt bloß kleine Geschichten und Betrachtungen herauszugeben; von Nebensachen zu reden, wo es *so* viele Hauptsachen gibt; seinen Ärger an Erscheinungen zu haben, die weit vom Schuß zurückliegen: ohne Zweifel, es mag manchem als Schwäche erscheinen, und ich will gern gestehn, daß auch mir der Entschluß zur Herausgabe allerhand Sorgen bereitet hat. Aber erstens hat immer schon ein gewisser Größenunterschied zwischen dem Gewicht dichterischer Äußerungen und dem Gewicht der unberührt von ihnen durch den Weltraum rasenden zweitausendsiebenhundert Millionen Kubikmeter Erde bestanden und mußte irgendwie in Kauf genommen werden. Zweitens darf ich mich vielleicht auf meine Hauptarbeiten berufen, denen es an den zusammenziehenden Kräften, die man hier vermissen könnte, am wenigsten fehlen dürfte; die weiterzuführen, aber gerade eine solche Zwischenveröffentlichung verlangte. Und schließlich: als mir dieses Buch vorgeschlagen wurde und die Teilchen, aus denen es zusammengesetzt werden sollte, wieder vor mir lagen, glaubte ich zu bemerken, daß sie doch eigentlich zeitbeständiger gewesen seien, als ich befürchtet hatte.

Diese kleinen Arbeiten sind fast alle in den Jahren zwischen 1920 und 29 entstanden und zum erstenmal veröffentlicht worden; aber ein Teil von denen, die im Inhaltsverzeichnis "Bilder" heißen, geht auf ältere Vormerkungen zurück. So das "Fliegenpapier", das unter dem Titel "Römischer Sommer schon 1913 in einer Zeitschrift erschienen ist; und auch die "Affeninsel" stammt aus dieser Zeit, was ich erwähne, weil man diese beiden sonst leicht für erfundene Umschreibungen späterer Zustände halten könnte. In Wahrheit sind sie eher ein Vorausblick gewesen, getan in ein Fliegenpapier und in ein Zusammenleben von Affen; aber jedermann werden solche Weissagungen gelingen, der an kleinen Zügen, wo es sich unachtsam darbietet, das menschliche Leben beobachtet und sich den "wartenden" Gefühlen überläßt, die bis zu einer Stunde, die sie aufrührt, scheinbar "nichts zu sagen haben" und sich harmlos in dem ausdrücken, was wir tun und womit wir uns umgeben. Etwas Ähnliches, doch vorwiegend in umgekehrter Anwendung, läßt sich wahrscheinlich auch zugunsten der "Unfreundlichen Betrachtungen" und der "Geschichten, die keine sind" anführen. Sie tragen die Zeit ihrer Entstehung sichtbar an sich, und was an ihnen Spottrede ist, gilt zum Teil gewesenen Zuständen. Auch in der Form zeigen sie diesen Ursprung; denn sie sind für Zeitungen geschrieben worden, mit ihrem unaufmerksamen, ungleichen, dämmerig-großen Leserkreis, und hätten ohne Frage anders ausgesehn, wenn ich sie, so wie meine Bücher, für mich allein und für meine Freunde geschrieben hätte. Gerade hier war also die Frage zu beantworten, ob es erlaubt sei, die Veröffentlichung zu wiederholen. Jede Umänderung hätte dazu genötigt, alles neu zu entwerfen, und ich mußte mich ihrer ganz enthalten, außer daß ich da und dort etwas, das unter den Umständen seines Entstehens nicht nach Wunsch geraten war, im Sinn seiner eigenen Absichten nachbesserte. So ist nun wirklich zuweilen von Schatten, von einem Leben die Rede, das nicht mehr ist, und dazu in einer Art des begrenzten Ärgernisnehmens, das auf abschließende Vollständigkeit keinen Anspruch erhebt.

Ich habe den Mut, den ich trotzdem in die Zeitbeständigkeit dieser kleinen Satiren setze, schließlich aus einem Satz von Goethe geschöpft, der zu diesem Zweck sinngemäß verändert werden kann, ohne an Wahrheit einzubüßen; er lautet dann: "in dem Einen, was schlecht gethan wird, sieht man das Gleichniß von allem, was schlecht gethan wird." Dieser Satz läßt Hoffnung, daß die Kritik kleiner Fehler auch in Zeiten, wo schon viel größere gemacht werden, ihren Wert nicht verliert.

I. Bilder

Das Fliegenpapier

Das Fliegenpapier Tangle-foot ist ungefähr sechsunddreißig Zentimeter lang und einundzwanzig Zentimeter breit; es ist mit einem gelben, vergifteten Leim bestrichen und kommt aus Kanada. Wenn sich eine Fliege darauf niederläßt – nicht besonders gierig, mehr aus Konvention, weil schon so viele andere da sind – klebt sie zuerst nur mit den äußersten, umgebogenen Gliedern aller ihrer Beinchen fest. Eine ganz leise, befremdliche Empfindung, wie wenn wir im Dunkel gingen und mit nackten Sohlen auf etwas träten, das noch nichts ist als ein weicher, warmer, unübersichtlicher Widerstand und schon etwas, in das allmählich das grauenhaft Menschliche hineinflutet, das Erkanntwerden als eine Hand, die da irgendwie liegt und uns mit fünf immer deutlicher werdenden Fingern festhält!

Dann stehen sie alle forciert aufrecht, wie Tabiker, die sich nichts anmerken lassen wollen, oder wie klapprige alte Militärs (und ein wenig o-beinig, wie wenn man auf einem scharfen Grat steht). Sie geben sich Haltung und sammeln Kraft und Überlegung. Nach wenigen Sekunden sind sie entschlossen und beginnen, was sie vermögen, zu schwirren und sich abzuheben. Sie führen diese wütende Handlung so lange durch, bis die Erschöpfung sie zum Einhalten zwingt.Es folgt eine Atempause und ein neuer Versuch. Aber die Intervalle werden immer länger. Sie stehen da, und ich fühle, wie ratlos sie sind. Von unten steigen verwirrende Dünste auf. Wie ein kleiner Hammer tastet ihre Zunge heraus. Ihr Kopf ist braun und haarig, wie aus einer Kokosnuß gemacht; wie menschenähnliche Negeridole. Sie biegen sich vor und zurück auf ihren festgeschlungenen Beinchen, beugen sich in den Knien und stemmen sich empor, wie Menschen es machen, die auf alle Weise versuchen, eine zu schwere Last zu bewegen; tragischer als Arbeiter es tun, wahrer im sportlichen Ausdruck der äußersten Anstrengung als Laokoon. Und dann kommt der immer gleich seltsame Augenblick, wo das Bedürfnis einer gegenwärtigen Sekunde über alle mächtigen Dauergefühle des Daseins siegt. Es ist der Augenblick, wo ein

Kletterer wegen des Schmerzes in den Fingern freiwillig den Griff der Hand öffnet, wo ein Verirrter im Schnee sich hinlegt wie ein Kind, wo ein Verfolgter mit brennenden Flanken stehen bleibt. Sie halten sich nicht mehr mit aller Kraft ab von unten, sie sinken ein wenig ein und sind in diesem Augenblick ganz menschlich. Sofort werden sie an einer neuen Stelle gefaßt, höher oben am Bein oder hinten am Leib oder am Ende eines Flügels.

Wenn sie die seelische Erschöpfung überwunden haben und nach einer kleinen Weile den Kampf um ihr Leben wieder aufnehmen, sind sie bereits in einer ungünstigen Lage fixiert, und ihre Bewegungen werden unnatürlich. Dann liegen sie mit gestreckten Hinterbeinen auf den Ellbogen gestemmt und suchen sich zu heben. Oder sie sitzen auf der Erde, aufgebäumt, mit ausgestreckten Armen, wie Frauen, die vergeblich ihre Hände aus den Fäusten eines Mannes winden wollen. Oder sie liegen auf dem Bauch, mit Kopf und Armen voraus, wie im Lauf gefallen, und halten nur noch das Gesicht hoch. Immer aber ist der Feind bloß passiv und gewinnt bloß von ihren verzweifelten, verwirrten Augenblicken. Ein Nichts, ein Es zieht sie hinein. So langsam, daß man dem kaum zu folgen vermag, und meist mit einer jähen Beschleunigung am Ende, wenn der letzte innere Zusammenbruch über sie kommt. Sie lassen sich dann plötzlich fallen, nach vorne aufs Gesicht, über die Beine weg; oder seitlich, alle Beine von sich gestreckt; oft auch auf die Seite, mit den Beinen rückwärts rudernd. So liegen sie da. Wie gestürzte Aeroplane, die mit einem Flügel in die Luft ragen. Oder wie krepierte Pferde. Oder mit unendlichen Gebärden der Verzweiflung. Oder wie Schläfer. Noch am nächsten Tag wacht manchmal eine auf, tastet eine Weile mit einem Bein oder schwirrt mit dem Flügel. Manchmal geht solch eine Bewegung über das ganze Feld, dann sinken sie alle noch ein wenig tiefer in ihren Tod. Und nur an der Seite des Leibs, in der Gegend des Beinansatzes, haben sie irgend ein ganz kleines, flimmerndes Organ, das lebt noch lange. Es geht auf und zu, man kann es ohne Vergrößerungsglas nicht bezeichnen, es sieht wie ein winziges Menschenauge aus, das sich unaufhörlich öffnet und schließt.

Die Affeninsel

In der Villa Borghese in Rom steht ein hoher Baum ohne Zweige und Rinde. Er ist so kahl wie ein Schädel, den Sonne und Wasser blank geschält haben, und gelb wie ein Skelett. Er steht ohne Wurzeln aufrecht und ist tot, und wie ein Mast in den Zement einer ovalen Insel gepflanzt, die so groß ist wie ein kleiner Flußdampfer und durch einen glatt betonierten

Graben vom Königreich Italien getrennt wird. Dieser Graben ist gerade so breit und an der Außenwand so tief, daß ein Affe ihn weder durchklettern noch überspringen kann. Von außen herein ginge es wohl; aber zurück geht es nicht.

Der Stamm in der Mitte bietet sehr gute Griffe dar und läßt sich, wie Touristen so etwas ausdrücken, flott und genußfroh durchklettern. Oben aber laufen waagrechte, lange, starke Äste von ihm aus; und wenn man Schuhe und Strümpfe auszöge und mit einwärts gestellter Ferse die Sohlen fest an die Rundung des Astes schmiegte und mit den voreinander greifenden Händen auch recht fest Zugriffe, müßte man gut an das Ende eines dieser von der Sonne gewärmten langen Äste gelangen können, die sich über den grünen Straußfedern der Pinienwipfel hinstrecken.

Diese wundervolle Insel wird von drei Familien von verschiedener Mitgliederzahl bewohnt. Den Baum bevölkern etwa fünfzehn sehnige, bewegliche Burschen und Mädchen, die ungefähr die Größe eines vierjährigen Kindes haben; am Fuße des Baumes aber lebt in dem einzigen Gebäude der Insel, einem Palast von Form und Größe einer Hundehütte, ein Ehepaar weit mächtigerer Affen mit einem ganz kleinen Sohne. Das ist das Königspaar der Insel und der Kronprinz. Nie kommt es vor, daß sich die Alten in der Ebene weit von ihm entfernen; wächterhaft regungslos sitzen sie rechts und links von ihm und blicken geradeaus an ihren Schnauzen vorbei ins Weite. Nur einmal in jeder Stunde erhebt sich der König und besteigt den Baum zu einem inspizierenden Rundgang. Langsam schreitet er dann die Äste entlang, und es scheint nicht, daß er bemerken will, wie ehrfürchtig und mißtrauisch alles zurückweicht und sich – um Hast und Aufsehen zu vermeiden – seitlings vor ihm herschiebt, bis das Ende des Astes kein Entweichen mehr zuläßt und nur ein lebensgefährlicher Absprung auf den harten Zement übrigbleibt. So schreitet der König, einen nach dem anderen, die Äste ab, und die gespannteste Aufmerksamkeit kann nicht unterscheiden, ob sein Gesicht dabei die Erfüllung einer Herrscherpflicht oder einer Terrainkur ausdrückt, bis alle Äste entleert sind und er wieder zurückkehrt. Auf dem Dache des Hauses sitzt inzwischen der Kronprinz allein, denn auch die Mutter entfernt sich merkwürdigerweise jedesmal zur gleichen Zeit, und durch seine dünnen, weit abstehenden Ohren scheint korallenrot die Sonne. Selten kann man etwas so Dummes und Klägliches dennoch von einer unsichtbaren Würde umwallt sehen wie diesen jungen Affen. Einer nach dem anderen kommen die zur Erde gejagten Baumaffen vorbei und könnten ihm den dünnen Hals mit einem Griff abdrehen, denn sie sind sehr mißmutig, aber sie machen einen Bogen um ihn und erweisen ihm alle Ehrerbietung und Scheu, die seiner Familie zukommt.

Es braucht längere Zeit, ehe man bemerkt, daß außer diesen ein geordnetes Leben führenden Wesen noch andere von der Insel beherbergt werden. Verdrängt von der Oberfläche und der Luft, lebt in dem Graben ein zahlreiches Volk kleiner Affen. Wenn sich einer von ihnen oben auf der Insel nur zeigt, wird er schon von den Baumaffen unter schmerzlichen Züchtigungen wieder in den Graben gescheucht. Wenn das Mahl angerichtet wird, müssen sie scheu beiseite sitzen, und erst wenn alle satt sind und die meisten schon auf den Ästen ruhen, ist es ihnen erlaubt, sich zu den Küchenabfällen zu stehlen. Selbst das, was ihnen zugeworfen wird, dürfen sie nicht berühren. Denn es kommt oft vor, daß ein böser Bursche oder ein scherzhaftes Mädchen, obgleich sie blinzelnd Verdauungsbeschwernis heucheln, nur darauf warten, und vorsichtig von ihrem Ast heruntergleiten, sobald sie merken, daß die Kleinen es sich ungebührlich Wohlergehen lassen. Schon huschen da die wenigen, die sich auf die Insel gewagt haben, schreiend in den Graben zurück; und mengen sich zwischen die anderen; und das Klagen hebt an: und jetzt drängt sich alles zusammen, so daß eine Fläche von Haar und Fleisch und irren, dunklen Augen sich an der abseitigen Wand emporhebt wie Wasser in einem geneigten Bottich. Der Verfolger geht aber nur den Rand entlang und schiebt die Woge von Entsetzen vor sich her. Da erheben sich die kleinen schwarzen Gesichter und werfen die Arme in die Höhe und strecken die Handflächen abwehrend vor den bösen fremden Blick, der vom Rande herabsieht. Und allmählich heftet dieser Blick sich an einem fest; der rückt vor und zurück, und fünf andere mit ihm, die noch nicht unterscheiden können, welcher das Ziel dieses langen Blickes ist; aber die weiche, vom Schreck gelähmte Menge läßt sie nicht vom Platze. Dann nagelt der lange gleichgültige Blick den zufälligen einen an; und nun wird es ganz unmöglich, sich so zu beherrschen, daß man weder zuviel noch zuwenig Angst zeigt: und von Augenblick zu Augenblick wächst die Verfehlung an, während sich ruhig eine Seele in eine andere bohrt, bis der Haß da ist, und der Sprung losschnellen kann, und ein Geschöpf ohne Halt und Scham unter Peinigungen wimmert. Mit befreitem Geschrei rasen da die anderen auseinander, den Graben entlang; sie flackern lichtlos durcheinander wie die besessenen Seelen im Fegefeuer, und sammeln sich freudig schnatternd an der entferntesten Stelle.

Wenn alles vorbei ist, steigt der Verfolger mit federnden Griffen den großen Baum hinan bis zum höchsten Ast, schreitet bis an dessen äußerstes Ende hinaus, setzt sich ruhig zurecht, und verharrt ernst, aufrecht und ewig lange, ohne sich zu regen. Der Strahl seines Blickes ruht auf den Wipfeln des Pincio und der Villa Borghese, quer darüber hin; und wo er die Gärten verläßt, liegt unter ihm die große gelbe Stadt, über der er, noch in die grüne, schimmernde Wolke der Baumwipfel gehüllt, achtlos in der Luft schwebt.

Fischer an der Ostsee

Am Strand haben sie mit den Händen eine kleine Kute ausgehoben, und dahinein werden aus einem Sack mit schwarzer Erde die dicken Regenwürmer geschüttet; die lockere schwarze Erde und das Gewürm ergeben eine mulmige, ungewisse, anziehende Häßlichkeit im blanken Sande. Neben diese wird eine sehr ordentliche Holzlade gelegt. Sie sieht aus wie eine lange, nicht sehr breite Tischlade oder ein Zahlbrett und ist voll von sauberem Garn; und auf die andere Seite der Kute wird noch eine solche, aber leere Lade gelegt.

Die hundert Haken, die am Garn der einen Lade sitzen, sind manierlich auf eine kleine eiserne Stange an deren Ende gereiht und werden nun einer nach dem anderen heruntergenommen und in die leere Lade gebettet, deren Ende bloß mit reinem, nassem Sand gefüllt ist. Eine sehr ordentliche Beschäftigung. Zwischendurch sorgen aber vier lange, mager-kräftige Hände so sorgfältig wie Pflegerinnen dafür, daß auf jede Angel ein Wurm kommt.

Die Männer, die das tun, hocken auf Knien und Fersen zu zweien im Sande, mit mächtigen, knochigen Rücken, langen, gütigen Gesichtern, und einer Pfeife im Mund, und sie wechseln unverständliche Worte, die ebenso sacht aus ihnen hervorkommen wie die Bewegungen ihrer Hände. Der eine nimmt einen fetten Regenwurm mit zwei Fingern, holt die gleichen zwei Finger der anderen Hand hinzu und reißt ihn in drei Stücke, so gemächlich und genau, wie ein Schuster das Papierband abknipst, nachdem er Maß genommen; der andere stülpt dann diese sich bäumenden Stücke sanft und achtsam über die Angel. Ist das den Würmern widerfahren, so werden sie mit Wasser gelabt und in der Lade mit dem weichen Sand in kleine, zierliche, nebeneinander liegende Betten gebracht, wo sie sterben können, ohne gleich ihre Frische zu verlieren.

Es ist ein stilles, feines Tun, wobei die groben Fischerfinger leise wie auf Fußspitzen gehn. Man muß sehr auf die Sache achten. Bei schönem Wetter wölbt sich der dunkelblaue Himmel darüber, und die Möwen kreisen hoch über Land wie weiße Schwalben.

Inflation

Es gab einstmals eine bessere Zeit, wo man auf einem holzsteifen Pferdchen pedantisch wiederkehrend im Kreise ritt und mit einem kurzen Stöckchen nach kupfernen Ringen stieß, die ein Holzarm ruhig hinhielt. Diese Zeit ist vorbei. Heute trinken die Fischerjungen Sekt mit Kognak. Und es hängen an dreißigmal-vier eisernen Kettchen kleine Schaukelbrettchen im Kreis, ein Kreis innen und einer außen, so daß man sich, wenn man nebeneinander fliegt, an Hand oder Bein oder an den Schürzen fassen kann und dazu fürchterlich schreit. Dieses Ringelspiel steht auf dem kleinen Platz mit dem Ehrenstein für die gefallenen Krieger; neben der alten Linde, wo sonst die Gänse sind. Es hat einen Motor, der es zeitgemäß antreibt, und kalkweiße Scheinwerfer über vielen kleinen warmen Lichtern. Der Wind wirft einem, wenn man in der Dunkelheit nähertappt, Fetzen von Musik, Leuchten, Mädchenstimmen und Lachen entgegen. Das Orchestrion brüllt schluchzend. Die Eisenketten kreischen. Man fliegt im Kreis, aber außerdem, wenn man will, aufwärts oder hinab, auswärts und einwärts, einander in den Rücken oder zwischen die Beine. Die Burschen peitschen ihre Schaukeln an und kneifen die Mädel, an denen sie vorbeifliegen, ins Fleisch oder reißen die Aufschreienden mit sich; auch die Mädel haschen einander im Flug, und dann schreien sie zu zweit erst recht so, als ob eine von ihnen ein Mann wäre.

So schwingen sie alle durch die Kegel der Helle ins Dunkle und werden plötzlich wieder in die Helligkeit gestürzt; anders gepaart, mit verkürzten Leibern und schwarzen Mündern, rasend bestrahlte Kleiderbündel, fliegen sie auf dem Rücken oder auf dem Bauch oder schräg gegen Himmel und Hölle. Nach einer ganz kleinen Weile dieses wildesten Galopps fällt aber das Orchestrion rasch wieder in Trab, dann in Schritt zurück, wie ein altes Manegepferd, und steht bald still. Der Mann mit dem Zinnteller geht im Kreis, aber man bleibt sitzen oder wechselt höchstens die Mädchen. Und es kommen nicht wie in der Stadt ein paar Tage lang zu dem Ringelspiel wechselnde Menschen; denn es fliegen hier immer die gleichen, vom Einbruch der Dunkelheit an, zwei bis drei Stunden, durch alle acht oder vierzehn Tage hindurch, so lange bis der Mann mit dem Zinnteller ein Nachlassen der Lust spürt und eines Morgens weitergezogen ist.

Kann ein Pferd lachen?

Ein angesehener Psychologe hat den Satz niedergeschrieben: "... denn das Tier kennt kein Lachen und Lächeln."

Das ermutigt mich zu erzählen, daß ich einmal ein Pferd lachen gesehn habe. Ich dachte bisher, das könne man alle Tage behaupten, und getraute mich nicht, Aufhebens davon zu machen; aber wenn es etwas so Kostbares ist, will ich gern ausführlich sein.

Also es war vor dem Krieg; es könnte ja sein, daß seither die Pferde nicht mehr lachen. Das Pferd war an einen Schilfzaun angebunden, der einen kleinen Hof umgrenzte. Die Sonne schien. Der Himmel war dunkelblau. Die Luft äußerst milde, obwohl man Februar schrieb. Und im Gegensatz zu diesem göttlichen Komfort fehlte aller menschliche: Mit einem Wort, ich befand mich bei Rom, auf einem Landweg vor den Toren, an der Grenze zwischen den bescheidenen Ausläufern der Stadt und der beginnenden bäuerlichen Campagna.

Auch das Pferd war ein Campagnapferd: jung und zierlich, von dem wohlgeformten kleinen Schlag, der nichts Ponyartiges hat, auf dem ein großer Reiter aber aussieht, wie ein Erwachsener auf einem Puppenstühlchen. Es wurde von einem lustigen Burschen gestriegelt, die Sonne schien ihm aufs Fell, und in den Achseln war es kitzlig. Nun hat ein Pferd sozusagen vier Achseln und ist darum vielleicht doppelt so kitzlig wie der Mensch. Außerdem schien aber dieses Pferd auch noch je eine besonders empfindliche Stelle an der Innenseite der Schenkel zu haben, und jedesmal wenn es dort berührt wurde, konnte es sich vor Lachen nicht halten.

Schon wenn sich der Striegel von weitem näherte, legte es die Ohren zurück, wurde unruhig, wollte mit dem Maul hinfahren und entblößte, wenn es das nicht konnte, die Zähne. Der Striegel aber marschierte lustig weiter, Strich vor Strich, und die Lippen gaben nun immer mehr das Gebiß frei, indes sich die Ohren immer weiter zurücklegten und das Pferdchen von einem Bein auf das andere trat.

Und plötzlich begann es zu lachen. Es fletschte die Zähne. Es suchte mit der Schnauze den Burschen, der es kitzelte, so heftig es konnte, wegzustoßen; in der gleichen Weise, wie das eine Bauernmagd mit der Hand tut, und ohne daß es nach ihm gebissen hätte. Es trachtete auch, sich zu drehen und ihn mit dem ganzen Körper fortzudrängen. Aber der Knecht blieb im Vorteil. Und wenn er mit dem Striegel in der Nähe der Achsel anlangte, hielt es das Pferd in keiner Weise mehr aus; es wand sich auf den Beinen, schauderte am ganzen Leib und zog das Fleisch von den Zähnen zurück, so weit es nur konnte. Es benahm sich dann sekundenlang genau so wie ein Mensch, den man dermaßen kitzelt, daß er nicht mehr lachen kann.

Der gelehrte Zweifler wird einwenden, daß es dann eben doch nicht hat lachen können. Darauf ist ihm zu antworten, daß dies insofern richtig sei, als der von beiden, der jedesmal vor Lachen wieherte, der Stallbursche war. Das scheint in der Tat nur ein menschliches Vermögen zu sein, vor Lachen wiehern zu können. Aber trotzdem spielten die beiden sichtlich in Übereinstimmung, und sobald sie wieder von vorn begannen, konnte gar kein Zweifel daran bestehen, daß auch das Pferd lachen wollte und schon auf das wartete, was kommen werde.

So schränkt sich der gelehrte Zweifel an der Fähigkeit des Tieres darauf ein, daß es nicht über Witze zu lachen vermag.

Das aber ist dem Pferd nicht immer zu verübeln.

Der Erweckte

Schob rasch den Vorhang zur Seite: – die sanfte Nacht! Ein mildes Dunkel liegt im Fensterausschnitt des harten Zimmerdunkels wie ein Wasserspiegel im viereckigen Bassin. Ich sehe es wohl gar nicht; aber es ist wie im Sommer, wenn das Wasser so warm ist wie die Luft und die Hand aus dem Boot hängt. Es wird sechs Uhr morgens am ersten November.

Gott hat mich geweckt. Ich bin aus dem Schlaf geschossen. Ich hatte gar keinen anderen Grund aufzuwachen. Ich bin losgerissen worden wie ein Blatt aus einem Buch. Die Mondsichel liegt zart wie eine goldene Augenbraue auf dem blauen Blatt der Nacht.

Aber auf der Morgenseite am anderen Fenster wird es grünlich. Papageienfedrig. Schon laufen auch die faden rötlichen Streifen des Sonnenaufgangs herauf, aber noch ist alles grün, blau und ruhig. Ich springe zum ersten Fenster zurück: Liegt die Mondsichel noch da? Sie liegt da, als ob es die tiefste Stunde des nächtlichen Geheimnisses wäre. So überzeugt ist sie von der Wirklichkeit ihrer Magie, als ob sie Theater spielte. (Nichts Komischeres gibt es, als wenn man aus vormittägigen Straßen in den Abersinn einer Theaterprobe tritt.) Links pulst schon die Straße, rechts probt die Mondsichel.

Ich entdecke seltsame Brüder, die Schornsteine. In Gruppen zu dritt, zu fünf, zu sieben, oder auch allein, stehen sie auf den Dächern; wie Bäume in der Ebene. Der Raum windet sich gleich einem Fluß zwischen ihnen in die Tiefe. Ein Uhu schleift zwischen ihnen nach Hause; wahrscheinlich war's eine Krähe oder Taube. Die Häuser stehn kreuz und quer; seltsame Umrisse, abstürzende Wände; gar nicht nach Straßen geordnet. Die Stange am Dach mit den sechsunddreißig Porzellanköpfen und den zwölf Verspannungsdrähten, die ich verständnislos zähle, steht vor dem Morgenhimmel als ein völlig unerklärliches, geheimnisvolles oberstes Gebilde. Ich bin jetzt ganz wach, aber wohin ich mich auch wende, gleitet der Blick um Fünfecke, Siebenecke und steile Prismen: Wer bin dann ich? Die Amphore am Dach mit eisengegossener Flamme, tagsüber eine lächerliche Ananas, verächtliches Geschöpf schlechten Geschmacks, stärkt in dieser Einsamkeit mein Herz wie eine frische Menschenspur.

Endlich kommen zwei Beine durch die Nacht. Der Schritt zweier Frauenbeine und das Ohr: Nicht schauen will ich. Mein Ohr steht auf der Straße wie ein Eingang. Niemals werde ich mit einer Frau so vereint sein wie mit dieser unbekannten, deren Schritte jetzt immer tiefer in meinem Ohr verschwinden.

Dann zwei Frauen. Die eine filzig schleichend, die andere stapfend mit der Rücksichtslosigkeit des Alters. Ich sehe hinab. Schwarz. Seltsame Formen haben die Kleider alter Frauen. Die da streben zur Kirche. Längst ist ja die Seele um diese Stunde schon in Zucht genommen, und ich will nun nichts mehr mit ihr zu tun haben.

Schafe, anders gesehen

Zur Geschichte des Schafes: der Mensch findet heute das Schaf dumm. Aber Gott hat es geliebt. Er hat die Menschen wiederholt mit Schafen verglichen. Sollte Gott ganz Unrecht haben?

Zur Psychologie des Schafes: der sichtbar gestaltete Ausdruck hoher Zustände ist dem der Blödheit nicht unähnlich.

****

In der Heide bei Rom: Sie hatten die langen Gesichter und die zierlichen Schädel von Märtyrern. Ihre schwarzen Socken und Kapuzen an dem weißen Fell gemahnten an Todesbrüder und Fanatiker.

Ihre Lippen, wenn sie über dem kurzen, spärlichen Gras suchten, zitterten nervös und stäubten den Ton einer erregten Metallsaite in die Erde.

Schlossen sich ihre Stimmen zum Chor, so klang es wie das klagende Gebet der Prälaten im Dom. Sangen aber ihrer viele, so bildeten sie einen Männer-, Frauen- und Kinderchor. In sanften Rundungen hoben und senkten sie die Stimmen; wie ein Wanderzug im Dunkel war es, den in jeder zweiten Sekunde das Licht traf, und es standen dann die Stimmen der Kinder auf einem immer wiederkehrenden Hügel, während die Männer das Tal durchschritten. Tausendmal schneller rollten Tag und Nacht durch ihren Gesang und trieben die Erde dem Ende entgegen. Manchmal warf sich eine einzelne Stimme empor oder stürzte hinab in die Angst der Verdammnis. In den weißen Ringeln ihrer Haare wiederholten sich die Wolken des Himmels. Es sind uralte katholische Tiere, religiöse Begleiter des Menschen.

Noch einmal im Süden: Der Mensch ist zwischen ihnen doppelt so groß als sonst und ragt wie der spitze Turm einer Kirche gegen Himmel. Unter unseren Füßen war die Erde braun, und das Gras wie eingekratzte graugrüne Striche. Die Sonne glänzte schwer am Meer wie in einem Spiegel von Blei. Boote waren beim Fischfang wie zu Sankt Petri Zeiten. Das Kap schwang den Blick wie ein Laufbrett zum Himmel und brach lohgelb und weiß, wie zur Zeit des verirrten Odysseus, ins Meer.

****

Überall: Schafe sind ängstlich und blöd, wenn der Mensch naht; sie haben Schläge und Steinwürfe des Übermuts kennengelernt. Aber wenn er ruhig stehen bleibt und in die Weite starrt, vergessen sie ihn. Sie stecken dann die Köpfe zusammen und bilden, zehn oder fünfzehn, einen Strahlenkreis, mit dem großen, lastenden Mittelpunkt der Köpfe und den andersfarbigen Strahlen der Rücken. Die Schädeldecken pressen sie fest gegeneinander. So stehen sie, und das Rad, das sie bilden, regt sich stundenlang nicht. Sie scheinen nichts fühlen zu wollen als den Wind und die Sonne, und zwischen ihren Stirnen den Sekundenschlag der Unendlichkeit, der im Blut pocht und sich von einem Kopf zum andern mitteilt wie das Klopfen von Gefangenen an Gefängnismauern.

Sarkophagdeckel

Irgendwo hinten am Pincio, oder schon in Villa Borghese, ruhen zwei Sarkophagdeckel aus unedlem Stein zwischen den Büschen im Freien. Sie stellen keine Kostbarkeit dar, sie liegen umher. Lang hingestreckt lagert auf ihnen das Ehepaar, das sich einst zum letzten Andenken hat abbilden lassen. Man sieht viele solcher Sarkophagdeckel in Rom; aber in keinem

Museum und in keiner Kirche machen sie solchen Eindruck wie hier unter den Bäumen, wo sich die Figuren wie auf einer Landpartie ausgestreckt haben und eben aus einem kleinen Schlaf erwacht zu sein scheinen, der zweitausend Jahre gewährt hat.

Sie haben sich auf den Ellbogen gestützt und sehen einander an. Es fehlt nur der Korb mit Käse, Früchten und Wein zwischen ihnen.

Die Frau trägt eine Frisur mit kleinen Locken, – gleich wird sie sie ordnen, nach der letzten Mode vor dem Einschlafen. Und sie lächeln einander an; lang, sehr lang. Du siehst weg: und noch immer tun sie es ohne Ende.

Dieser treue, brave, bürgerliche, verliebte Blick hat die Jahrhunderte überstanden; er ist im alten Rom ausgesandt worden und kreuzt heute dein Auge.

Wundere dich nicht darüber, daß er vor dir andauert; daß sie nicht wegsehen oder die Augen senken: sie werden nicht steinern dadurch, sondern menschlich.

Hasenkatastrophe

Die Dame war gewiß erst am gestrigen Tag aus der Glasscheibe eines großen Geschäfts herausgetreten; niedlich war ihr Puppengesichtchen; man hätte mit einem Löffelchen darin umrühren mögen, um es in Bewegung zu sehn. Aber man trug selbst Schuhe mit honigglatten, wachswabendicken Sohlen zur Schau, und Beinkleider, wie mit Lineal und weißer Kreide entworfen. Man entzückte sich höchstens am Wind. Er preßte das Kleid an die Dame und machte ein jämmerliches kleines Gerippe aus ihr, ein dummes Gesichtchen mit einem ganz kleinen Mund. Dem Zuschauer machte er natürlich ein kühnes Gesicht.

Kleine Hasen leben ahnungslos neben den weißen Bügelfalten und den teetassendünnen Röcken. Schwarzgrün wie Lorbeer dehnt sich der Heroismus der Insel um sie. Möwenscharen nisten in den Mulden der Heide wie Beete voll weißer Schneeblüten, die der Wind bewegt. Der kleine, weiße, langhaarige Terrier der kleinen, mit einem Pelzkragen geschmückten weißen Dame stöbert durch das Kraut, die Nase fingerbreit über der Erde; weit und breit ist auf dieser Insel kein anderer Hund zu wittern, nichts ist da als die ungeheure Romantik vieler kleiner, unbekannter, die Insel durchkreuzender Fährten. Riesengroß wird der Hund in dieser Einsamkeit, ein Held. Aufgeregt, messerscharf gibt er Laut, die Zähne blecken wie die eines Seeungeheuers. Vergebens spitzt die Dame das Mündchen, um zu pfeifen; der

Wind reißt ihr das kleine Schällchen, das sie hervorbringen möchte, von den Lippen.

Mit solch einem stichligen Fox habe ich schon Gletscherwege gemacht; wir Menschen glatt auf den Skiern, er blutend, bis zum Bauch einbrechend, vom Eis zerschnitten, und dennoch voll wilder, nie ermattender Seligkeit. Jetzt hat dieser hier etwas aufgespürt; die Beine galoppieren wie Hölzchen, der Laut wird ein Schluchzen. Merkwürdig ist an diesem Augenblick, wie sehr solche flach auf dem Meer schwebende Insel an die großen Kare und Tafeln im Hochgebirge erinnert. Die schädelgelben, vom Wind geglätteten Dünen sind wie Felsenkränze aufgesetzt. Zwischen ihnen und dem Himmel ist die Leere der unvollendeten Schöpfung. Licht leuchtet nicht über dies und das, sondern schwemmt wie aus einem versehentlich umgestoßenen Eimer über alles. Man ist jedesmal erstaunt, daß Tiere diese Einsamkeit bewohnen. Sie gewinnen etwas Geheimnisvolles; ihre kleinen weichwolligen und -fedrigen Brüste bergen den Funken des Lebens. Es ist ein kleiner Hase, den der Fox vor sich hertreibt. Ich denke: eine kleine, wetterharte Bergart, nie wird er ihn erreichen. Eine Erinnerung aus der Geographiestunde wird lebendig: Insel – eigentlich stehen wir da auf der Kuppe eines hohen Meerbergs? Wir, zehn bis fünfzehn lungernd zusehende Badegäste in farbigen Tollhausjacken, wie sie die Mode vorschreibt. Ich ändere meinen Gedanken noch einmal ab und sage mir, das Gemeinsame wäre nur die unmenschliche Verlassenheit: Verstört wie ein Pferd, das den Reiter abgeworfen hat, ist die Erde überall dort, wo der Mensch in der Minderheit bleibt; ja, gar nicht gesund, sondern wahrhaft geisteskrank erweist sich die Natur im Hochgebirge und auf kleinen Inseln. Aber zu unserem Erstaunen hat sich die Entfernung zwischen dem Hund und dem Hasen verringert; der Fox holt auf, man hat so etwas noch nie gesehen, ein Hund, der den Hasen einholt! Das wird der erste große Triumph der Hundewelt! Begeisterung beflügelt den Verfolger, sein Atem jauchzt in Stößen, es ist keine Frage mehr, daß er binnen wenigen Sekunden seine Beute eingeholt haben wird. Da schlägt der Hase den Haken. Und da erkenne ich an etwas Weichem, weil der harte Riß diesem Haken fehlt, es ist kein Hase, es ist nur ein Häschen, ein Hasenkind.

Ich fühle mein Herz; der Hund hat beigedreht; er hat nicht mehr als fünfzehn Schritte verloren; in wenigen Augenblicken ist die Hasenkatastrophe da. Das Kind hört den Verfolger hinter dem Schweifchen, es ist müde. Ich will dazwischenspringen, aber es dauert so lange, bis der Wille hinter den Bügelfalten in die glatten Sohlen fährt; oder vielleicht war der Widerstand schon im Kopf. Zwanzig Schritte vor mir – ich müßte phantasiert haben, wenn das Häschen nicht verzagt stehen blieb und seinen Nacken dem Verfolger hinhielt. Der schlug seine Zähne hinein, schleuderte es ein paarmal hin und her, dann warf er es auf die Seite und grub sein Maul zwei-, dreimal in Brust und Bauch.

Ich sah auf. Lachende, erhitzte Gesichter standen umher. Es war plötzlich wie vier Uhr morgens geworden nach durchtanzter Nacht. Der erste von uns, der aus dem Blutrausch erwachte, war der kleine Fox. Er ließ ab, schielte mißtrauisch zur Seite, zog sich zurück; nach wenigen Schritten fiel er in kurzen, eingezogenen Galopp, als erwarte er, daß ihm ein Stein nachfliegen werde. Wir andern aber waren bewegungslos und verlegen. Eine schale Atmosphäre menschenfresserischer Worte umgab uns, wie "Kampf ums Dasein" oder "Grausamkeit der Natur". Solche Gedankensind wie die Untiefen eines Meeresbodens, aus ungeheuerer Tiefe emporgestiegen und seicht. Am liebsten wäre ich zurückgegangen und hätte die sinnlose kleine Dame geschlagen. Das war eine aufrichtige Empfindung, aber keine gute, und so schwieg ich und fiel damit in das allgemeine, unsichere, sich nun bildende Schweigen ein. Endlich nahm ein hochgewachsener, behaglicher Herr aber den Hasen in beide Hände, zeigte seine Wunden den Hinzugetretenen und trug die dem Hund abgejagte Leiche wie einen kleinen Sarg in die Küche des nahen Hotels. Dieser Mann stieg als erster aus dem Unergründlichen und hatte den festen Boden Europas unter den Füßen.

Die Maus

Diese winzige Geschichte, die eigentlich nur eine Pointe, eine einzige kleine Spitze ist, und gar keine Geschichte, ereignete sich im Weltkrieg. Auf der ladinischen Alpe Fodara Vedla, tausend und mehr Meter über bewohnter Gegend und noch viel weiter abseits von ihr: Dort hatte jemand im Frieden eine Bank hingestellt.

Diese Bank stand auch im Krieg unversehrt. In einer weiten, hellen Mulde. Die Schüsse zogen über sie hin. Ruhig wie Schiffe, wie Scharen von Fischen. Sie schlugen weit hinten ein, wo nichts und niemand war, und verwüsteten dort mit eiserner Beharrlichkeit seit Monaten einen unschuldigen Abhang. Niemand wußte mehr warum. Ein Irrtum der Kriegskunst? Eine Laune der Kriegsgötter? Diese Bank war dem Krieg in Verlust geraten. Und die Sonne schickte den ganzen Tag Licht aus unendlichen Höhen ihr zur Gesellschaft.

Wer auf dieser Bank saß, saß fest. Der Mund ging nicht mehr auf. Die Glieder schliefen einen getrennten Schlaf wie Männer, die sich eng beisammen niedergeworfen und einander im gleichen Augenblick todmüd vergessen haben. Selbst das Atmen ward fremd; wurde ein Vorgang der Natur; nein, wurde nicht "Atem der Natur", sondern: wenn man bemerkte, daß man atme, – diese gleichmäßige, willenlose Bewegung der Brust! – etwas der Ohnmacht des Menschen vom blauen Ungeheuer Luft Angetanes wie eine Schwangerschaft.

Das Gras ringsum war noch vom Jahr vorher; schneebleich und häßlich; so blutleer, als ob man einen großen Stein davon weggewälzt hätte. In Nähe und Ferne gab es Buckel und Mulden ohne Sinn und Zahl, Knieholz und Alpe. Aus dieser bewegungslosen Unruhe, von dieser zu gelbgrünem Schaum zerfallenen Brandung des Bodens wurde der Blick immer wieder an dem hohen, roten Felsenriff emporgeworfen, das die Landschaft vorne abschloß, und rann, in hundert Blicke zersplittert, davon wieder ab. Es war nicht übermäßig hoch, dieses Felsstück, aber darüber war nur noch das leere Licht. So wüst war das und so unmenschlich herrlich wie in den Schöpfungszeitaltern.

Eine kleine Maus hatte sich nahe der Bank, die selten besucht wurde, ein System von Laufgräben angelegt. Maustief, mit Löchern zum Verschwinden und anderswo wieder aufzutauchen. Sie huschte darin im Kreise, stand, huschte im Kreis weiter. Aus dem Grollen der Luft tauchte eine ungeheure Stille auf. Die Menschenhand sank von der Lehne der Bank. Ein Auge, so klein und schwarz wie ein Spennadelknopf richtete sich dahin. Und man hatte einen Augenblick lang ein so sonderbar verkehrtes Gefühl, daß man wirklich nicht mehr recht wußte, ob sich dieses kleine, lebendige, schwarze Auge drehe oder ob sich die ungeheure Unbeweglichkeit der Berge rühre. Man wußte nicht mehr: vollzog sich an einem der Wille der Welt oder der dieser Maus, der aus einem winzigen, einsamen Auge leuchtete. Man wußte nicht mehr: war Kampf oder herrschte schon Ewigkeit.

So hätte sich mit dem, was man nicht zu kennen fühlte, lange und nach Belieben fortfahren lassen; aber das ist schon die ganze kleine Geschichte, denn sie war inzwischen jedesmal schon zu Ende gegangen, ehe man noch genau sagen konnte, wo sie aufhörte.

Hellhörigkeit

Ich habe mich vorzeitig zu Bett gelegt, ich fühle mich ein wenig erkältet, ja vielleicht habe ich Fieber. Ich sehe die Zimmerdecke an, oder vielleicht ist es der rötliche Vorhang über der Balkontür des Hotelzimmers, was ich sehe; es ist schwer zu unterscheiden.

Als ich gerade damit fertig war, hast auch du angefangen, dich auszukleiden. Ich warte. Ich höre dich nur.

Unverständliches Auf- und Abgehn; in diesem Teil des Zimmers, in jenem. Du kommst, um etwas auf dein Bett zulegen; ich sehe nicht hin, aber was könnte es sein? Du öffnest inzwischen den Schrank, tust etwas hinein oder nimmst etwas heraus; ich höre ihn wieder schließen. Du legst harte, schwere Gegenstände auf den Tisch, andre auf die Marmorplatte der Kommode. Du bist unablässig in Bewegung. Dann erkenne ich die bekannten Geräusche des Öffnens der Haare und des Bürstens. Dann Wasserschwälle in das Waschbecken. Vorher schon das Abstreifen von Kleidern; jetzt wieder; es ist mir unverständlich, wieviel Kleider du ausziehst. Nun bist du aus den Schuhen geschlüpft. Danach aber gehn deine Strümpfe auf dem weichen Teppich ebenso unablässig hin und her wie vordem die Schuhe. Du schenkst Wasser in Gläser; drei-, viermal hintereinander, ich kann mir gar nicht zurechtlegen, wofür. Ich bin in meiner Vorstellung längst mit allem Vorstellbaren zu Ende, während du offenbar in der Wirklichkeit immer noch etwas Neues zu tun findest. Ich höre dich das Nachthemd anziehn. Aber damit ist noch lange nicht alles vorbei. Wieder gibt es hundert kleine Handlungen. Ich weiß, daß du dich meinethalben beeilst; offenbar ist das alles also notwendig, gehört zu deinem engsten Ich, und wie das stumme Gebaren der Tiere vom Morgen bis zum Abend ragst du breit, mit unzähligen Griffen, von denen du nichts weißt, in etwas hinein, wo du nie einen Hauch von mir gehört hast!

Zufällig fühle ich es, weil ich Fieber habe und auf dich warte.

Slowenisches Dorfbegräbnis

Mein Zimmer war sonderbar. Pompejanisch rot mit türkischen Vorhängen; die Möbel hatten Risse und Fugen, in denen sich der Staub wie kleine Geröllrinnen und -bänder hinzog. Es war feiner Staub, unwirkliche Verkleinerung von Geröll; aber er war so ungeheuer einfach da, und in kein Geschehen mehr verflochten, daß er an die große Einsamkeit des Hochgebirges erinnerte, die nur vom Steigen und Sinken der Flut des Lichts und der Dunkelheit bespült wird. Von solchen Erlebnissen hatte ich damals viele.

Als ich das Haus zum erstenmal betrat, war es ganz vom Gestank toter Mäuse erfüllt. In das gemeinsame Vorzimmer, das mein Zimmer von dem der Lehrerinnen trennte, warfen diese alles, was sie nicht mehr liebten oder des Aufhebens nicht mehr für wert hielten: künstliche Blumen, Speisereste, Fruchtschalen und zerrissene schmutzige Wäsche, die das Reinigen nicht mehr lohnte. Sogar mein Diener beklagte sich, als ich ihn Ordnung schaffen hieß; und doch war die eine von ihnen schöner als ein Engel, und ihre ältere Schwester war zärtlicher als eine Mutter und malte ihr die Wangen täglich mit naiven Rosenfarben, damit ihr Antlitz auch noch so schön sei wie das der Bauernmuttergottes in der kleinen Kirche. Von den kleinen Schulmädchen, die oft zu uns kamen, wurden beide geliebt; und ich lernte das verstehen, als ich einmal erkrankt war und selbst ihrer beider Güte wie warme Kräuterkissen zu fühlen bekam. Als ich aber einmal ihr Zimmer untertags betrat, um etwas zu verlangen, denn sie waren die Vermieter, lagen sie beide im Bett, und als ich mich zurückziehen wollte, sprangen sie hilfsbereit aus den Decken hervor und waren völlig bekleidet; sogar die schmutzigen Straßenschuhe hatten sie im Bett an den Füßen behalten.

****

Das also war die Wohnung, worin ich stand, als ich dem Begräbnis zusah; eine dicke Frau war gestorben, die schräg meinen Fenstern gegenüber auf der anderen Seite der breiten, hier etwas ausgebuchteten Reichsstraße gelebt hatte. Am Vormittag brachten die Schreinerjungen den Sarg; es war Winter, und sie brachten ihn auf einem kleinen Handschlitten, und weil es ein schöner Vormittag war, schlitterten sie mit ihren Nagelschuhen auf der Straße daher, und die große schwarze Schachtel hinter ihnen sprang von einer Seite zur anderen. Jeder, der es sah, hatte das Gefühl, was für hübsche Jungen das wären, und wartete neugierig ab, ob der Schlitten umwerfen werde oder nicht.

Nachmittags aber stand schon das letzte Geleite vor dem Haus: Zylinder und Pelzmützen, modische Hüte und winterliche Kopftücher dunkel gegen das lichte Schneegrau des Himmels. Und die Geistlichkeit kam, schwarz und rot, und gezackte weiße Hemdchen darüber, quer über den Schnee. Und ein junger, großer, zottiger, brauner Hund sprang ihr entgegen und bellte sie an wie einen Wagen. Und wenn man so sagen darf, hatte er damit keine ganz falsche Beobachtung ausgedrückt; denn wirklich war in diesem Augenblick nicht sowohl Heiliges, noch selbst Menschliches, in den Nahenden, als vielmehr nur die schwierige Bewegung der mechanischen Seite ihrer Existenz auf dem glatten Straßenbelag.

Dann aber wurde es überirdisch. Ein ruhiger Baß stimmte ein wunderholdes, trauriges Lied an, in dem ich nur die fremden Worte für Süße Maria verstand, ein hellbraun wie Kastanien schimmernder Bariton fiel ein, und noch eine Stimme, und ein Tenor schwang sich über alle hinweg, während zu gleicher Zeit aus dem Haus ohne Ende Frauen mit schwarzen Tüchern quollen, die Kerzen vor dem Winterhimmel blaßgolden brannten und die Geräte blitzten. Da hätte man weinen mögen, aus keinem anderen Grund, als weil man bereits ein Mensch über Dreißig war.

Vielleicht auch ein wenig deshalb, weil sich hinter der Trauergesellschaft die Buben pufften. Oder weil der aufrechte junge Herr, dem der Hund gehörte, über aller Köpfe hinweg so regungslos nach den heiligen Handreichungen sah, daß man nicht wußte, warum. Einfach so ängstlich voll von Tatsachen, die nicht recht feststanden, war alles wie ein Porzellanschrank. Und wirklich konnte ich kaum noch an mich halten, wußte aber auch nicht, wohin ich mich wenden sollte, als ich, wohl durch Zufall, inmitten der Menge wieder gewahr wurde, daß der hochergriffene junge Mann eine Hand am Rücken hielt und sein großer brauner Hund mit ihr zu spielen begann. Scherzend biß er an ihr herum und suchte sie mit seiner warmen Zunge aufzuwecken. Mit Spannung wartete ich nun ab, was sich daraus entwickeln werde. Und endlich nach geraumer Zeit, während die ganze Gestalt des jungen Mannes in unbestimmter Erhebung erstarrt blieb, machte sich die Hand hinter dem Rücken los und selbständig und begann mit dem Maul des Hundes zu spielen, ohne daß es ihr Herr wußte.

Das rückte mir die Seele wieder ins Lot, ohne daß es ein ausreichender Grund war. Sie geriet damals, in jener Umgebung, worin ich mich auszuharren zwang, leicht auch dann in Unordnung oder Ordnung, wenn kaum eine Ursache dazu vorhanden war. Angenehm-unangenehm durchströmte mich die Erwartung des Händedrucks, den mir nach dem Begräbnis meine Hausgenossinnen anbieten werden, zusammen mit einem Gläschen von ihrem verdächtigen Hausschnaps und einigen ordentlichen Worten, denen nicht zu widersprechen ist: – vielleicht, daß das Unglück die Menschen einander näherbringe, oder so ähnlich.

Mädchen und Helden

Wie schön seid ihr, Dienstmädchen mit den Bauernbeinen und den ruhigen Augen, von denen man nicht weiß, wundern sie sich über alles oder über nichts?! Ihr führt den Hund der Herrschaft an der Leine wie die Kuh am Strick. Denkt ihr daran, daß jetzt im Dorf die Glocken läuten, oder denkt ihr daran, daß jetzt das Kino beginnt? Sicher ist es nur, ihr fühlt auf eine geheimnisvolle Weise, daß mehr Männer zwischen zwei Ecken der Stadt leben als auf dem ganzen Land, und ihr geht in jedem Augenblick durch diese Männlichkeit, wenn sie euch auch nicht gehört, wie durch ein Kornfeld, das an die Röcke streift.

Aber denkt ihr daran, während eure Augen tun, als wüßten sie nichts, daß es ein Mann ist, den ihr an der Leine führt? Oder bemerkt ihr in keiner Weise, daß Lux ein Mann ist, daß Wolf und Amri Männer sind? Tausend Pfeile durchbohren ihr Herz bei jedem Baum oder Lichtmast. Männer ihres Geschlechts haben als ihr Zeichen den messerscharfen Geruch des Ammoniaks hinterlassen, als hätte man Schwerter in einen Baum gestoßen; Kämpfe und Brüderschaften, Heldentum und Neigung, die ganze heroische Welt des Mannes entfaltet sich vor ihrer schnuppernden Vorstellungskraft! Wie heben sie das Bein mit der freien Gebärde eines kriegerischen Grußes oder dem heldischen Schwung eines mit dem Bierglas grüßenden Arms beim Kommers! Mit welchem Ernst verrichten sie ihren Dienst, der ein Trank- und Weiheopfer ist wie nur irgend eines! Und ihr, Mädchen? Verständnislos zieht ihr sie hinter euch drein. Zerrt an der Leine; gönnt ihnen nicht Zeit, ohne euch auch nur umzusehen nach ihnen; achtet ihrer nicht. Es ist ein Anblick, um Steine gegen euch zu erheben.

Brüder! Auf drei Beinen hüpft hinter diesen Mädchen Lux oder Wolf; zu stolz, zu sehr im Stolzesten verletzt, um nach Hilfe zu heulen; keines anderen Protestes fähig, als das vierte Bein eigensinnig, hartnäckig, in verzweifeltem Abschied nicht sinken zu lassen, während ihn die Leine immer weiter reißt. Welche inneren Hundeerkrankungen mögen aus solchen Augenblicken entstehen, welche verzweifelten neurasthenischen Komplexe liegen in ihnen beschlossen! Und die Hauptsache: fühlt ihr seinen traurig kollegialen Blick, den er euch zusendet, wenn ihr an solcher Szene vorbeikommt? er liebt ja auch in seiner Weise die Seele dieser verständnislosen Mädchen. Sie sind nicht herzlos; ihr Herz möchte sich erbarmen, wenn sie wüßten, was vor sich geht. Aber sie wissen es eben nicht. Und sie sind nicht gerade darum so bezaubernd, diese Trägherzigen, weil sie gar nichts von uns wissen? So spricht der Hund. Sie werden niemals unsere Welt verstehn!

Pension Nimmermehr

Es gab einmal eine deutsche Pension in Rom. (Obwohl es außer ihr noch viele andere gegeben hat.) Deutsche Pension, das war damals ein bestimmter Begriff in Italien, der sehr verschiedene Sonderwesen umschloß. Mit Entsetzen denke ich noch heute an eine andere zurück, wo ich einmal gewohnt habe; alles war dort zum Weinen einwandfrei. Aber in der Pension, von der ich hier spreche, war es nicht so. Als ich ins Büro eintrat und zum erstenmal nach dem Herrn des Hauses fragte, antwortete mir seine Mutter: "Oh, der kann jetzt nit komme; der ischt grad über seine Hühnerauge!" Ich will ihn Herrn Nimmermehr nennen. Seine Mutter, Frau Nimmermehr also, war eine von einem gewaltigen Mieder umspannte Matrone, deren Fleisch mit den Jahren ein wenig zurückgegangen war, so daß ihr Korsett rings um sie einen unregelmäßigen Rand in die Luft zeichnete, der von einer Bluse überspannt wurde; irgendwie erinnerte das an einen umgekippten, verloren gegebenen Regenschirm, wie man solche zuweilen an verlassenen Orten findet. Ihr Haar wurde zwischen Ostern und Oktober, das heißt außerhalb der Reisezeit, soweit ich das beobachten konnte, nicht frisiert; während der Saison schien es weiß zu sein. Eine andere ihrer Eigentümlichkeiten bildete es, daß ihr Rock einen ungewöhnlich langen Schlitz besaß, der in der heißen Zeit immer von oben bis unten offen stand. Vielleicht war das kühler; vielleicht war es aber eine Besonderheit des Hauses.

Denn auch Laura, das Stubenmädchen, das bei Tisch bediente, legte zu diesem Zweck zwar eine saubere Bluse an, die hinten zu schließen war, aber während der Zeit, die ich in Rom verbrachte, wurden von allen Haken immer nur die zwei untersten benützt, so daß darüber das Hemd und weiterhin Lauras schöner Rücken zu sehen war wie in einem Kelch. Trotzdem waren es vorzügliche Wirte, die Nimmermehr's; ihre altmodisch luxuriösen Zimmer wurden gut gehalten, und was sie kochten, hatte Grazie. Während des Speisens stand Herr Nimmermehr persönlich als Maître d'hôtel neben der Anrichte und leitete die Bedienung, obgleich diese nur aus Laura bestand. Vorwurfsvoll hörte ich ihn einmal zu ihr sagen: "Herr Meier hat sich selbst einen Löffel und das Salz geholt!" – Laura tuschelte erschrocken: "Hat er etwas gesagt?" – Und Herr Nimmermehr legte die Würde eines königlichen Speisenchefs in die leise Zurückweisung: "Herr Meier sagt nie etwas!" – Zu solcher Höhe des Berufs konnte er sich erheben. Er war, soweit ich mich an ihn erinnere, groß, mager und kahl, hatte einen wässerigen Blick und stachlige Bartfäden, die sich langsam auf und nieder bewegten, wenn er sich mit der Schüssel zu einem Gast neigte, um diesen mit besonnenen Worten auf etwas besonders Schmackhaftes aufmerksam zu machen. Sie hatten einfach ihre Eigenheiten, die Nimmermehr's.

Und ich habe mir alle diese Kleinigkeiten aufgeschrieben, weil ich schon damals das Gefühl hatte: es kehrt nicht wieder. Ich will damit beileibe nicht behaupten, daß es besonders selten und kostbar gewesen sei; es hatte nur etwas Besonderes mit Gleichzeitigkeit zu tun, das sich schwer beschreiben läßt. Wenn zwanzig Uhren an einer Wand hängen, und man blickt sie plötzlich an, so hat jedes Pendel eine andere Lage; sie alle sind gleichzeitig und nicht, und die wirkliche Zeit rinnt irgendwo zwischen ihnen durch. Das kann unheimlich wirken. Alle, die wir damals in der Pension Nimmermehr wohnten, hatten dazu unsere besonderen Gründe; wir hatten alle irgendetwas außer der Zeit in Rom zu tun, und da man in der Sommerhitze täglich nur ein kleines Maß davon ausführen konnte, so kamen wir immer wieder in unserem Heim zusammen. Da war zum Beispiel der kleine alte Schweizer Herr, er war da, um die Angelegenheit einer nicht viel größeren protestantischen Sekte zu betreiben, die durchaus gerade im papistischen Rom ein evangelisches Gotteshaus erbauen wollte. Er trug trotz der brennenden Sonne immer einen schwarzen Anzug, und am zweiten Westenknopf von oben war die Uhrkette befestigt, an der, nur wenig tiefer, ein schwarzes Medaillon hing, in das ein goldenes Kreuz eingelassen war. Sein Bart saß richtig links und rechts von ihm; so dünn sproß er aus dem Kinn, daß man seiner erst in einiger Entfernung davon gewahr wurde. Und gegen die Backen zu verlor sich dieser Bart ganz, wie auch die Oberlippe von Natur bartlos war. Die Kopfhaare dieses alten Herrn waren blondgrau und unheimlich weich; und seine Gesichtsfarbe hätte wohl rosig sein können, aber da sie weiß war, war sie gleich so weiß wie frisch gefallener Schnee, in dem eine goldene Brille liegt. Dieser alte Herr sagte einmal, als wir uns alle im Salon unterhielten, zu Mme. Gervais: "Wissen Sie, was Ihnen fehlt? Es fehlt Ihnen ein König in Frankreich!"

– Ich wunderte mich und wollte Mme. Gervais zu Hilfe kommen: "Aber Sie sind doch Schweizer und selbst Republikaner!?" – warf ich ein. Doch da wuchs der kleine Mann über seine goldene Brillenränder hinaus und erwiderte uns: "Oh, das ist eine andere Sache! Wir sind es seit sechshundert Jahren, und nicht seit fünfundvierzig!" So der Schweizer, der in Rom eine protestantische Kirche baute.

Madame Gervais, mit ihrem lieblichen Lächeln, erwiderte ihm: "Wenn die Diplomaten und die Zeitungen nicht wären, hätten wir den ewigen

Frieden." – "Excellent, vraiment excellent!" – stimmte ihr der alte Herr, wieder besänftigt, zu und nickte mit einem Kichern, das so fein und unnatürlich klang, als hätte er eine junge Ziege im Hals; er mußte ein Bein vom Boden heben, um sich in seinem Fauteuil zu Mme. Gervais zurückwenden zu können.

So kluge Antworten gab aber auch nur Frau Gervais. Das Profil ihres zarten Tituskopfes, auf dem schlanken Hals, mit einem köstlichen Ohr geschmückt, hob sich im Speisesaal von dem Fenster ab, vor dem sie saß, als ich sie zum erstenmal sah, wie ein geschnittener rosa Stein von himmelblauem Samt. Mit vollkommenen Händen, die Arme mit Messer und Gabel sorgsam an sich gezogen, rasierte sie einem Pfirsich, den sie aufgespießt hatte, die Haut vom Leibe. Ihre Lieblingsworte waren: Ignoble, mal élevé, grand luxe und très maniaque. Auch digestion und digestif sagte sie oft. Mme. Gervais konnte erzählen, wie sie, die Katholikin, einmal in Paris in einer protestantischen Kirche war. Am Geburtstag des Empereur. "Und ich versichere Sie," – fügte sie hinzu – "es war viel würdiger als bei uns. Viel einfacher. Keine so unvornehme Komödie!" – So war Mme. Gervais.

Sie schwärmte für eine deutsch-französische Verständigung, weil ihr Gatte Hotelier war. Umfassender gesagt, er stand in der Hotelkarriere: man muß alles durchmachen, Speisesaal, Bar, Zimmerdienst, Büro. "Wie ein Ingenieur am Schraubstock arbeiten muß!" – erläuterte sie es. Sie war aufgeklärt. Sie empörte sich bei der Erinnerung daran, wie ein Negerprinz, ein vollendeter Gentleman, in einem Pariser Hotel von Amerikanern boykottiert worden sei. – "So machte er bloß, so!" – zeigte sie und brachte ein entzückend verächtliches Rümpfen der Lippe hervor. Die klassischen, vornehmen Ideale der Humanität, Internationalität und Menschenwürde bildeten in ihr mit der Hotellaufbahn eine vollendete Einheit. Allerdings flocht sie auch gerne ein, daß sie als Mädchen mit ihren Eltern Automobilreisen gemacht habe, daß sie mit dem oder jenem Attaché oder Legationssekretär da und dort gewesen seien, oder daß schon ihre Bekannte die Marquise Soundso das und jenes gesagt habe. Aber sie führte es nicht weniger vornehm aus, wenn sie aus der Hotellaufbahn erzählte, daß ein Freund ihres Mannes in einem Haus mit Trinkgeldverbot achthundert Mark im Monat an Trinkgeldern eingenommen habe, während ihr Mann in einem Haus ohne Verbot nur sechshundert Mark verdiente. Sie hatte immer frische Blumen an sich und reiste mit einem Dutzend kleiner Deckchen, mit deren Hilfe sie aus jedem Pensionszimmer eine kleine Heimat machte. Dort empfing sie ihren Gatten, wenn er dienstfrei war, und mit Laura hatte sie ein Abkommen getroffen, daß ihr diese gleich die Strümpfe wasche, wenn sie sie auszog. Sie war eigentlich eine tapfere Frau. Ich bemerkte einmal, daß ihr kleiner Mund auch fleischig wirken könne, obgleich die ganze Gestalt wie ein etwas überlanger, äußerst zarter Engel war; auch die Backen hoben sich, wenn man genau zusah, beim Lachen viel zu hoch über die Nase; aber merkwürdigerweise, obgleich ich sie nun weniger schön fand, sprachen wir seither ernster miteinander. Sie erzählte mir von der Trauer ihrer Kindheit, von früheren, langen Krankheiten und von den Qualen, die ihr die Launen eines an Paralyse erkrankten Stiefvaters bereitet hätten. Einmal vertraute sie mir sogar an, daß sie deshalb ihren Mann geheiratet habe, ohne ihn zu lieben. Bloß weil es Zeit war, sich zu versorgen, sagte sie. "Sans enthousiasme; vraiment sans enthousiasme!" – Aber das vertraute sie mir erst einen Tag vor meiner Abreise an: Sie wußte eben immer das Passende zu sagen und sprach den Zuhörern aus der Seele.

Gerne möchte ich etwas Ähnliches auch von der Dame aus Wiesbaden berichten, die gleichfalls zu unserem Haus gehörte; aber ich habe leider viel von ihr vergessen, und das wenige, was mir geblieben ist, läßt schließen, daß sich das übrige nicht recht dieser Absicht fügen dürfte. Ich weiß nur noch, daß sie immer einen der Länge nach gestreiften Rock trug, so daß sie aussah wie ein großes Holzgatter, auf dem oben eine ungeplättete weiße Bluse hing. Wenn sie sprach, widersprach sie, und ungefähr geschah das meistens in der folgenden Weise: Jemand sagte zum Beispiel, daß Ottavina schön sei. "Ja," – ergänzte sie sogleich – "ein edler römischer Typus". Dabei blickte sie einen so besiegelnd an, daß man sie um der Sicherheit des Weltlaufs willen berichtigen mußte, ob man wollte oder nicht; denn Ottavina, das Stubenmädchen, war aus Toskana. "Ja" – erwiederte sie – "aus Toskana. Aber ein römischer Typus! Alle Römerinnen haben Nasen, die an der Stirn gerade ansetzen!" Nun war Ottavina aber nicht nur aus Toskana, sondern sie hatte auch keine Nase, die an der Stirne gerade ansetzte; doch die Dame aus Wiesbaden besaß einen so lebhaften Geist, daß ihr immer ein fertiges Urteil aus dem Kopf sprang, bloß weil ihre anderen fertigen Urteile es daraus verdrängten. Ich fürchte, sie war eine unglückliche Frau. Und vielleicht war sie nicht einmal Frau, sondern Mädchen. Sie war im Schiff um Afrika gefahren und wollte nach Japan. Sie erzählte in diesem Zusammenhang von einer Freundin, die sieben Glas Bier tränke und vierzig Zigaretten rauchte, und nannte sie einen ganz famosen Kameraden. Ihr Gesicht sah, wenn sie so sprach, wie ein furchtbar lasterhaftes Gesicht aus, mit zuviel Haut und schiefen Schlitzen für Mund, Nase und Augen; man dachte zumindest, daß sie Opium rauchen werde: aber sobald sie sich nicht beobachtet fühlte, hatte sie ein ganz braves Gesicht, das in dem anderen darin stak wie der kleine Däumling in den Siebenmeilenstiefeln. Ihr höchstes Ideal war die Löwenjagd, und sie fragte uns alle, ob wir glaubten, daß sehr viel Kraft dazugehöre? Mut – meint sie – Mut besäße sie genügend, aber ob sie wohl auch den Strapazen gewachsen wäre? Ihr Neffe rede ihr zu, weil er gerne mitgenommen werden möchte; aber für solch einen zweiundzwanzigjährigen Lausbuben sei das doch noch etwas anderes, nicht? Die gute weltumsegelnde Tante! Ich bin überzeugt, daß sie ihrem Neffen unter der Sonne Afrikas einen kleinen forschen Klaps auf die Schulter geben wird und daß sich die Löwen davonschleichen werden, so wie Mme. Gervais und ich es taten, wenn wir konnten.

Ich flüchtete mich dann zuweilen sogar zu Frau Nimmermehr ins Büro oder schlich auf den Gang und spähte, ob ich Ottavina sähe. Ich hätte auch einen Blick auf Gottes Sterne werfen können, aber Ottavina war schöner. Sie war das zweite Stubenmädchen, eine neunzehnjährige Bäuerin, die daheim einen Mann und einen kleinen Knaben besaß; siewar die schönste Frau, die ich je gesehen habe. Sage niemand, es gebe viel verschiedene Schönheit, Schönheit in vielerlei Art und Grad: das weiß man. Aber die Art von Ottavinas Schönheit hätte mir gestohlen werden können; es war Raffaels Art, gegen die ich sogar eine Abneigung habe: Was trotz dieser Schönheit das Auge bezwang, war Ottavinas Schönheit! Zum Glück darf man sagen, daß sich so etwas dem, der es nicht gesehen hat, nicht beschreiben läßt. Wie abstoßend wirken die Worte Harmonie, Gleichmaß, Vollkommenheit, Edel! Wir haben sie gemästet, sie stehen wie dicke Frauen auf winzigen Füßen da und können sich nicht rühren. Wenn man aber einmal wirkliche Harmonie und Vollkommenheit sieht, so ist man erstaunt darüber, wie natürlich sie ist. Sie kommt zu ebener Erde herbei. Sie fließt wie ein Bach, gar nicht regelmäßig, mit der unbekümmerten Selbstherrlichkeit der Natur, ohne Anstrengungen zur Großartigkeit oder Vollendung. Wenn ich von Ottavina sage, sie war groß, kräftig, adelig, vornehm, so habe ich das Gefühl, diese Worte seien von anderen Menschen genommen. Ich empfinde sogleich das Bedürfnis, etwas hinzu zu fügen. Sie war groß, aber ohne Verlust an Lieblichkeit. Kräftig, aber nirgends gesetzt. Adelig ohne Verlust an Ursprünglichkeit. Eine Göttin und das zweite Stubenmädchen. Ich vermochte mit der neunzehnjährigen Ottavina nicht zu sprechen, weil sie mein gebrochenes Italienisch für unpassend fand und auf alles, was ich sagte, nur mit einem sehr höflichen Ja oder Nein erwiderte; aber ich glaube, ich betete sie an. Ich weiß natürlich auch das nicht sicher, weil alles bei Ottavina etwas anderes bedeutete. Ich begehrte sie nicht, ich litt keinen Mangel, ich schwärmte nicht; im Gegenteil;sooft ich sie sah, suchte ich mich so unauffällig zu benehmen wie ein Sterblicher, der in die Gesellschaft von Göttern geraten ist. Sie konnte lächeln, ohne daß eine Falte in ihrem Gesicht entstand. Ich vermochte sie mir in den Armen eines Mannes nicht anders zu denken als mit diesem Lächeln und einem sanften Erröten, das sich wie eine Wolke über sie ausbreitete, hinter der sie dem Zugriff der Begierden entschwand.

Immerhin hatte Ottavina einen ehelichen Knaben, und ich verzog mich oft, ohne auf sie zu warten, zur alten Frau Nimmermehr ins Büro, um im Gespräch mit dieser das Auskommen mit der Wirklichkeit wiederzufinden. Sie ließ, wenn sie durchs Zimmer ging, die Arme mit den Handrücken nach vorn hängen, hatte den breiten Buckel und Bauch einer Matrone und beschönigte das Leben nicht mehr. Wenn man sie, vom Forschungstrieb geplagt, fragte, ob ihre große schwarze Katze Michette denn eigentlich ein Kater oder ein Weib sei, sah sie einen nachdenklich an und meinte philosophisch: "Oh je, das kanma gar nicht sage; die is ein Kaschtrath!" – In jüngeren Jahren hatte Frau Nimmermehr's Herz einen einheimischen Freund besessen, Sor Carlo, und wo immer man sich in Frau Nimmermehr's Bereich bewegte, konnte man am Ende einer Perspektive von Türrahmen Sor Carlo sitzen sehen. Zwischen Ostern und Oktober, versteht es sich; denn er war ein Wrack, und selbst jetzt, außer der Saison, war sein Dasein das eines allen Mitbewohnern zwar bekannten, aber öffentlich nicht zugegebenen Gespenstes. Er saß immer an irgendeiner Wand, reglos, in einem schmutzigen hellen Anzug, die Beine wie Säulen gleich dick von oben bis unten, das edle Gesicht mit dem schwarz gefärbten Cavour-Bart von Fett und Leiden entstellt. Nur wenn ich nachts nach Haus kam, sah ich ihn in Bewegung.

Wenn alle Augen, die ihn beaufsichtigten, schliefen, schleppte er sich stöhnend durch die Gänge, von Bank zu Bank, und kämpfte mit Atemkrämpfen. Da lebte er sich aus. Ich versäumte nie, ihn zu grüßen, und er dankte mir mit Würde. Ich weiß nicht, ob er für das Gnadenbrot dankbar war, das ihm Frau Nimmermehr gab, oder ob er gegen ihren Undank protestierte und aus gekränkter Würde tagsüber mit offenen Augen zu schlafen schien. Es verriet auch nichts, wie Frau Nimmermehr für ihren alten Sor Carlo empfand. Man darf wahrscheinlich annehmen, daß sie die schöne Ausgeglichenheit des Alters schon längst der Wichtigkeit überhoben hatte, die ein jüngerer Mensch solchen Dingen beimißt. Wenigstens traf ich sie einmal in ihrem Büro mit Sor Carlo an: Sor Carlo saß an der Wand und hatte seinen schlafenden Blick durch die gegenüber befindliche Wand ins Unendliche gerichtet, und Frau Nimmermehr saß am Tisch und hatte ihren Blick durch die offene Tür ins Dunkle gerichtet. Diese beiden Blicke gingen, von ungefähr einem Meter Raum getrennt, parallel aneinander vorbei, und unter diesem Blickstreifen saß neben dem Tischbein Michette, die Katze, mit den beiden Hunden des Hauses. Der blonde Spitz Maik, mit dem zarten, ausfallenden Haar, und der beginnenden Altersdarre im Rücken, versuchte an Michette etwas, das Hunde sonst nur an Hunden tun, und der dicke rotblonde Spitz Ali kaute indessen gutmütig an ihrem Ohr; niemand verwehrte es, Michette nicht, und die beiden alten Menschen nicht.

Wer dem bestimmt gewehrt hätte, wäre Miß Frazer gewesen; aber es ist anzunehmen, daß sich Maik in ihrer Gegenwart so etwas gar nicht erlaubt hätte. Miß Frazer saß jeden Abend in unserem Salon auf der Kante eines Fauteuils; den Oberkörper hatte sie brettgerade zurückgelehnt, so daß er die Stuhllehne nur am obersten Rand berührte, und die Beine ungebogen so von sich gestreckt, daß sie die Erde nur mit den Hacken berührten; in dieser Stellung häkelte sie. Wenn sie damit fertig war, setzte sie sich an den ovalen Tisch, mitten in unsere Gespräche hinein, und schrieb ihre tägliche Lektion. Wenn diese beendet war, legte Miß Frazer mit schnellen Fingern zwei Patiencen. Und wenn die Patiencen aufgegangen waren, sagte sie Good Night und verschwand. Dann war es zehn Uhr. Eine Abweichung davon gab es nur, wenn einer von uns in dem tropisch glühenden Salon ein Fenster öffnete; dann stand Miß Frazer auf und schloß es wieder. Wahrscheinlich vertrug sie den Luftzug nicht. Wir erfuhren ebenso wenig den Grund, wie wir den Inhalt ihrer täglichen Lektion kannten oder den Gegenstand ihrer Handarbeit. Miß Frazer war ein altes englisches Fräulein; ihr Profil war ritterlich und scharf wie das eines Edelmannes, ihr Anblick von vorn dagegen rund und rot wie der eines Apfels, mit einer liebenswürdigen Beimischung von Mädchenhaftigkeit unter ihren weißen Haaren. Ob sie auch liebenswürdig gesinnt war, wußte niemand. Außer den unvermeidlichen Höflichkeiten wechselte sie mit uns kein Wort. Vielleicht verachtete sie unser Nichtstun, unsere Geschwätzigkeit und unsere Unmoral. Nicht einmal den Schweizer, der schon seit sechshundert Jahren Republikaner war, würdigte sie einer Vertraulichkeit. Sie wußte alles von uns, weil sie immer in der Mitte saß, und war der einzige Mensch, von dem wir nicht wußten, warum er da war. Alles in allem, mit ihrer Häkelarbeit, ihrer Lektion und dem Lächeln eines roten Apfels, wäre sie sogar imstande gewesen, nur zum Vergnügen da zu sein und unsere Gesellschaft zu teilen.

II. Unfreundliche Betrachtungen

Schwarze Magie

I

Da die russischen Kleinkunsttheaterchen sie uns vorgeführt haben, scheint es diese schwarzen Husaren, diese Totenkopfhusaren, diese Arditi und Kopaljäger in allen Armeen der Erde zu geben. Sie haben einen Schwur getan, zu siegen oder zu sterben, und lassen sich eine schwarze Uniform machen, mit weißen Verschnürungen darauf, die wie die Rippen des Todes aussehen; in welcher Verkleidung sie zur Freude aller Frauen bis an ihr friedliches Ende spazieren gehen, falls kein Krieg kommt. Sie leben von gewissen Liedern mit düsterer Begleitung, die ihnen einen dunklen Glanz leihen, der sich vorzüglich zur Schlafzimmerbeleuchtung eignet.

Als der Vorhang aufging, saßen sieben solcher Husaren auf der kleinen Bühne; es war ziemlich dunkel, und bei den Fenstern schien der helle Schnee herein. Sie waren mit ihren schwärzlichen Uniformen und ihren schmerzlich aufgestützten Köpfen hypnotisch in dem ungewissen Licht verteilt und begleiteten in einem kohlschwarzen, leuchtenden Pianissimo einen laut singenden Kameraden. "Hört die Pferde, unsre Erde, stampfen mit den Hufen", sangen sie biszum unvermeidlichen "kehrt dein Glück, nicht zurück, wenn die Schwalben wandern –"

II

Eine rätselvolle Seele fragte sich: Wenn das ein gemaltes Bild wäre, so hätte man ein Schulbeispiel von Kitsch vor sich. Wenn das ein "lebendes Bild" wäre, so würde man die versunkene Sentimentalität eines einst beliebt gewesenen Gesellschaftsspiels vor sich haben, also etwas, das zur Hälfte Kitsch, zur andern Hälfte aber traurig wie ein eben verklungenes Glockenspiel ist. Doch da es nun ein singendes lebendes Bild ist, was ist es da? Es liegt wohl über diesen Spielereien der trefflichen russischen Emigranten ein Glanz wie von Zuckerfluß, aber man lächelt bloß nachsichtig, während man gewiß vor einem Ölbild gleicher Art raste: Sollte es möglich sein, daß der Kitsch, wenn ihm eine und dann zwei Dimensionen des Kitsches zuwachsen, erträglicher und immer weniger kitschig wird?

Es ist nicht anzunehmen und nicht zu leugnen.

Wie aber ist es dann, wenn dem Kitschigen noch eine Dimension mehr zuwächst und es volle Wirklichkeit wird? Sind wir nicht in Unterständen gesessen, für morgen lag etwas in der Luft, und ein Kamerad begann zu singen? Ach, es war schwermütig. Und es war Kitsch. Aber es war ein Kitsch, der nur noch als eine Traurigkeit mehr mit in der Traurigkeit lag, als eine uneingestandene Unlust an dieser aufgezwungenen Kameraderie. Im Grunde hätte man manches fühlen können in dieser jahrelangen letzten Stunde, und der Druck der Todesvorstellung mußte nicht gerade ein Öldruck sein.

Ist also die Kunst nicht ein Mittel, um den Kitsch vom Leben abzublättern? Schichtenweise legt sie ihn bloß. Je abstrakter sie wird, desto durchsichtiger wird die Luft. Je weiter sie sich vom Leben entfernt, desto klarer wird sie? Welche Verkehrtheit ist es zu behaupten, das Leben sei wichtiger als die Kunst! Das Leben ist gut, soweit es der Kunst standhält: was nicht kunstfähig am Leben ist, ist Kitsch!

Aber was ist Kitsch?

III

Der Dichter X. wäre in einer noch etwas schlechteren Zeit ein beliebter Familienblatterzähler geworden. Er hätte dann vorausgesetzt, daß das Herz auf bestimmte Situationen immer mit den gleichen bestimmten Gefühlen antwortet. Der Edelmut wäre in der bekannten Weise edel, das verlassene Kind beweinenswert und die Sommerlandschaft herzstärkend gewesen. Es ist zu bemerken, daß sich damit zwischen den Gefühlen und den Worten eine feste, eindeutige, gleichbleibende Beziehung eingestellt hätte, wie sie das Wesen des Begriffs ausmacht. Der Kitsch, der sich so viel auf das Gefühl zugute tut, macht also aus Gefühlen Begriffe.

Nun ist aber X. infolge der Zeitumstände statt guter Familienblatterzähler schlechter Expressionist geworden. Als solcher stellt er geistige Kurzschlüsse her. Er ruft Mensch, Gott, Geist, Güte, Chaos und spritzt aus solchen Vokabeln gebildete Sätze aus. Wenn er die volle Vorstellung oder wenigstens die volle Unvorstellbarkeit mit ihnen verbände, so könnte er das gar nicht tun. Aber die Worte sind lang vor ihm in Büchern und Zeitungen schon sinnvolle und sinnlose Verbindungen eingegangen, er hat sie oft beisammen gesehen, und schon bei kleinster Ladung mit Bedeutung zuckt zwischen ihnen der Funke. Das ist aber nur die Folge davon, daß er nicht an erlebten Vorstellungen denken gelernt hat, sondern schon an den von ihnen abgezogenen Begriffen.

Der Kitsch erweist sich in diesen beiden Fällen als etwas, was das Leben von den Begriffen abblättert. Schichtenweise legt er sie bloß. Je abstrakter er wird, desto kitschiger wird er. Der Geist ist gut, soweit er noch dem Leben standhält.

Aber was ist Leben?

IV

Leben ist leben: wer es nicht kennt, dem ist es nicht zu beschreiben. Es ist Freundschaft und Feindschaft, Begeisterung und Ernüchterung, Peristaltik und Ideologie. Das Denken hat neben anderen Zwecken den, geistige Ordnungen darin zu schaffen. Auch zu zerstören. Aus vielen Erscheinungen des Lebens macht der Begriff eine, und ebenso oft macht eine Erscheinung des Lebens aus einem Begriff viele neue. Bekanntlich wollen unsere Dichter nicht mehr denken, seit sie von der Philosophie gehört zu haben glauben, daß man Gedanken nicht denken darf, sondern sie leben muß.

Das Leben ist an allem schuld.

Aber um Gottes willen: was ist leben?

V

Es ergeben sich zwei Syllogismen:

Die Kunst blättert den Kitsch vom Leben.

Der Kitsch blättert das Leben von den Begriffen.

Und: Je abstrakter die Kunst wird, desto mehr wird sie Kunst.

Je abstrakter der Kitsch wird, desto mehr wird er Kitsch.

Das sind zwei herrliche Syllogismen. Wer sie auflösen könnte!

Nach dem zweiten scheint es, daß Kitsch = Kunst ist. Nach dem ersten aber ist Kitsch = Begriff - Leben, Kunst = Leben - Kitsch = Leben - Begriff + Leben zwei = Leben - Begriff. Nun ist aber, nach II, Leben = 3 x Kitsch und daher Kunst = 6 x Kitsch - Begriff.

Also was ist Kunst?

VI

Wie gut hat es ein schwarzer Husar. Die schwarzen Husaren haben geschworen, zu siegen oder zu sterben, und gehen in dieser Uniform einstweilen zur Freude aller Frauen spazieren. Das ist keine Kunst. Das ist das Leben!

Warum behauptet man aber dann, es sei nur ein lebendes Bild?

Türen und Tore

Türen gehören der Vergangenheit an, wenngleich bei Bauwettbewerben Hintertüren noch vorkommen sollen.

Eine Türe besteht aus einem rechteckigen, in die Mauer eingelassenen Holzrahmen, an dem ein drehbares Brett befestigt ist. Dieses Brett läßt sich gerade noch zur Not verstehen. Denn es soll leicht sein, damit man es gut bewegen kann, und es paßt zu dem Eichen- oder Nußgehölz, das bis vor kurzem in jedem ordentlichen Familienzimmer angepflanzt worden ist. Dennoch hat auch dieses Brett schon das meiste von seiner Bedeutung eingebüßt. Noch bis zur Mitte des vorigen Jahrhunderts konnte man an ihm horchen, und welche Geheimnisse erfuhr man bisweilen! Der Graf hatte seine Stieftochter enterbt, und der Held, der sie heiraten sollte, hörte gerade noch rechtzeitig, daß man ihn vergiften wolle. Das sollte einer in einem zeitgenössischen Haus versuchen! Ehe er dazu käme, an der Tür zu horchen, hätte er alles schon längst durch die Wände erfahren. Ja, nicht nur das: schon der leiseste Gedanke wäre ihm nicht entgangen. Warum hat sich noch kein Rundfunkdichter des modernen Betonbaus bemächtigt?! Er ist die Schicksalsbühne für das Hörspiel!

Noch viel unzeitgemäßer als die Tür selbst ist ihr Rahmen. Blickt man bei geöffneten Türen durch eine Zimmerflucht, so glaubt man den Angsttraum eines Fußballstürmers zu erleben, dem ein Tor hinter dem andern entgegentritt. Es gibt auch eine Sorte von Galgen, an die es erinnert. Warum macht man so etwas? Technisch ließe sich ein gutes Schließen auch ohne diese Pfähle erreichen; sie sind wahrhaftig nur da, um das Auge zu erfreuen. Dem Auge erschiene es, wie man annimmt, kahl, wenn die Tür an die Mauer oder an ein unsichtbares Metallband schlösse. Das wäre für das gebildete Auge nicht anders, als wenn zwischen Hand und Ärmel keine Stulpe hervorguckte. Und wirklich haben diese Türrahmen auch eine ähnliche Geschichte wie die Röllchen. Als die Zimmer noch gewölbt wurden, kannte man sie nicht; die Türe drehte sich um zwei schöne, schmiedeeiserne Mauerhaken. Später lernte man flache Decken bauen, und sie wurden von schweren Holzbalken getragen; mit Stolz auf das Neue zeigte man diese Balken, verkleidete die Felder zwischen ihnen auch noch mit Holz, und es entstanden die schönen getäfelten Decken. Noch später versteckte man die Balken unter einer Stuckdecke, aber an den Türen ließ man ein Rändchen von Holz hervorschauen. Schließlich baut man heute Eisenbeton- statt Ziegelwände, aber das hölzerne Rändchen, von nirgendwo kommend, angeklebt, einsam, sinnlos, nur mit dem Fensterrahmen verschwistert, muß die Sitte wahren. Ist das nicht aufs Haar genau die Geschichte des Hemdes, das zuerst in einem breit dem Auge geöffneten Ausschnitt der Kleidung und mit Hals- und Handkrause begann? Dann verschwand es unter dem Rock, aber Kragen und Stulpe ragten noch aus dem Anzug. Dann trennten sich Kragen und Stulpe vom Hemde ab, und zum Schluß, ehe wieder ein Wandel zum Besseren eintrat, wurden Kragen und Röllchen einsame Symbole der Kultur, die man, um zu zeigen, was sich gehöre, an irgendeine geheime Unterlage knöpfte.

Es sei diese Entdeckung, daß Holztüren Röllchen sind, dem berühmten Architekten gewidmet, der herausgefunden hat, daß der Mensch, da er auf der Klinik geboren wird und im Spitale stirbt, auch seine Lebensräume mit aseptischer Nüchternheit ausfüllen müsse. Man nennt so etwas ungezwungene Entwicklung des Bauens aus dem Geist der Zeit; aber offenbar ist es in der Gegenwart etwas schwierig. Der Mensch früherer Zeiten, Schloßherr wie Städter, lebte in seinem Haus; seine Stellung im Leben zeigte sich darin an, speicherte sich dort auf. Man empfing noch in der Biedermeierzeit bei sich; heute macht man das bloß nach. Das Haus hat dem gedient, was man scheinen wollte, und dafür ist immer Geld übrig; heute sind aber andere Dinge da, die diesen Zweck erfüllen: Reisen, Automobile, Sport, Winteraufenthalte, Appartements in Luxushotels. Die Phantasie des Zeigens, was man ist, geht in dieser Richtung, und wenn ein reicher Mann sich nun trotzdem ein Haus baut, so bleibt etwas Künstliches daran, etwas Privates, das keine Erfüllung einer allgemeinen Sehnsucht mehr ist. Und wie soll es erst Türen geben, wenn es kein "Haus" gibt?! Die einzig originelle Tür, die unsere Zeit hervorgebracht hat, ist die gläserne Drehtür des Hotels und des Warenhauses.

Die Tür hat früher als Teil für das Ganze das Haus vertreten, so wie das Haus, das man besaß, und das Haus, das man machte, die Stellung des Besitzers zeigen sollten. Die Tür war ein Eingang zu einer Gesellschaft von Bevorzugten, die sich dem Ankömmling, je nachdem, wer er war, öffnete oder verschloß, was gewöhnlich schon sein Schicksal entschied. Ebenso gut eignete sie sich aber auch für den kleinen Mann, der außen nicht viel zu bestellen hatte, jedoch hinter seiner Tür sofort den Gottvaterbart umhängte. Sie war darum allgemein beliebt und erfüllte eine lebendige Aufgabe im allgemeinen Denken. Die vornehmen Leute öffneten oder verschlossen ihre Türen, und der Bürger konnte mit ihnen außerdem ins Haus fallen. Er konnte sie auch offen einrennen. Er konnte zwischen Tür und Angel seine Geschäfte erledigen. Konnte vor seiner oder einer fremden Tür kehren. Er konnte jemand die Tür vor der Nase zuschlagen, konnte ihm die Tür weisen, ja, er konnte ihn sogar bei der Tür hinauswerfen: das war eine Fülle von Beziehungen zum Leben, und sie zeigen jene treffliche Mischung von Realistik und Symbolik, welche die Sprache nur aufbringt, wenn uns etwas sehr wichtig ist.

Diese großen Zeiten der Türen sind vorbei! Es ist sehr empfindungsvoll, jemand zuzurufen, daß man ihn zur Türe hinauswerfen werde, aber wer hat je wirklich einen hinaus"fliegen" gesehen? Wenn es selbst manchmal versucht wird, so hat der Vorgang doch selten mehr die großartige Einseitigkeit, die seinen Reiz ausmacht, denn die Kompetenzen und Kräfte sind heute verworren. Man schlägt auch niemand mehr die Tür vor der Nase zu, sondern nimmt schon die telephonische Anmeldung seines Besuches nicht entgegen; und vor seiner eigenen Tür zu kehren, ist eine unverständliche Zumutung geworden. Das sind längst undurchführbare Redensarten, sind nur noch freundliche Einbildungen, die uns mit Wehmut beschleichen, wenn wir alte Tore betrachten. Dunkelnde Geschichte um ein Loch, das die Gegenwart vorläufig noch für den Zimmermann offen gelassen hat.

Denkmale

Denkmale haben außer der Eigenschaft, daß man nicht weiß, ob man Denkmale oder Denkmäler sagen soll, noch allerhand Eigenheiten. Die wichtigste davon ist ein wenig widerspruchsvoll; das Auffallendste an Denkmälern ist nämlich, daß man sie nicht bemerkt. Es gibt nichts auf der Welt, was so unsichtbar wäre wie Denkmäler. Sie werden doch zweifellos aufgestellt, um gesehen zu werden, ja geradezu, um die Aufmerksamkeit zu erregen; aber gleichzeitig sind sie durch irgend etwas gegen Aufmerksamkeit imprägniert, und diese rinnt Wassertropfen-auf-Ölbezug-artig an ihnen ab, ohne auch nur einen Augenblick stehenzubleiben. Man kann monatelang eine Straße gehen, man wird jede Hausnummer, jede Auslagenscheibe, jeden Schutzmann am Weg kennen, und es wird einem nicht entgehen, wenn ein Zehnpfennigstück auf dem Gehsteig liegt; aber man ist bestimmt jedesmal sehr überrascht, wenn man eines Tages nach einem hübschen Stubenmädchen ins erste Stockwerk schielt und dabei eine metallene, gar nicht kleine, Tafel entdeckt, auf der in unauslöschlichen Lettern eingegraben steht, daß an dieser Stelle von achtzehnhundertsoundsoviel bis achtzehnhundertundeinigemehr der unvergeßliche Soodernichtso gelebt und geschaffen habe.

Es geht vielen Menschen selbst mit überlebensgroßen Standbildern so. Man muß ihnen täglich ausweichen oder kann ihren Sockel als Schutzinsel benutzen, man bedient sich ihrer als Kompaß oder Distanzmesser, wenn man ihrem wohlbekannten Platz zustrebt, man empfindet sie gleich einem Baum als Teil der Straßenkulisse und würde augenblicklich verwirrt stehen bleiben, wenn sie eines Morgens fehlen sollten: aber man sieht sie nie an und besitzt gewöhnlich nicht die leiseste Ahnung davon, wen sie darstellen, außer daß man vielleicht weiß, ob es ein Mann oder eine Frau ist.

Es wäre falsch, sich durch einige Ausnahmen täuschen zu lassen. Etwa durch jene paar Standbilder, die der Mensch mit dem Baedeker in der Hand suchen geht, wie den Gattamelata oder den Colleone, was eben ein ganz besonderes Verhalten ist; oder durch Gedenktürme, die eine ganze Landschaft versperren; oder durch Denkmäler, die einen Verein bilden, wie die über ganz Deutschland verbreiteten Bismarckdenkmäler.

Solche energischen Denkmäler gibt es; und dann gibt es auch noch solche, die der Ausdruck eines lebendigen Gedankens und Gefühls sind: aber der Beruf der meisten gewöhnlichen Denkmale ist es wohl, ein Gedenken erst zu erzeugen, oder die Aufmerksamkeit zu fesseln und den Gefühlen eine fromme Richtung zu geben, weil man annimmt, daß es dessen einigermaßen bedarf; und diesen ihren Hauptberuf verfehlen Denkmäler immer. Sie verscheuchen geradezu das, was sie anziehen sollten. Man kann nicht sagen, wir bemerkten sie nicht; man müßte sagen, sie entmerken uns, sie entziehen sich unseren Sinnen: es ist eine durchaus positive, zur Tätlichkeit neigende Eigenschaft von ihnen!

Nun, man kann das ohne Zweifel erklären. Alles Beständige büßt seine Eindruckskraft ein. Alles, was die Wände unseres Lebens bildet, sozusagen die Kulisse unseres Bewußtseins, verliert die Fähigkeit, in diesem Bewußtsein eineRolle zu spielen. Ein lästiges dauerndes Geräusch hören wir nach einigen Stunden nicht mehr. Bilder, die wir an die Wand hängen, werden binnen wenigen Tagen von der Wand aufgesogen; es kommt äußerst selten vor, daß man sich vor sie hinstellt und sie betrachtet. Bücher, die man, halb gelesen, in die prächtigen Bändereihen der Bibliothek einstellt, liest man nie mehr zu Ende. Ja, es genügt bei empfindlichen Personen, daß sie ein Buch, dessen Anfang ihnen gefallen hat, kaufen, und sie werden es nie wieder in die Hand nehmen. In diesem Fall wird der Vorgang schon aggressiv; man kann seinen unerbittlichen Ablauf aber auch an höheren Gefühlen verfolgen, und dann ist er es immer, zum Beispiel im Familienleben. Dort scheidet sich mit dem Sätze: Muß ich dir denn in jeder Viertelstunde erneut sagen, daß ich dich liebe?! – unzähligemal der feste eheliche Besitz von der flatterhaften Lust. Und in welch erhöhtem Maße müssen sich diese psychologischen Nachteile, denen das Beständige ausgesetzt ist, bei Erscheinungen aus Erz und Marmor geltend machen!

Wenn man es gut mit Monumenten meint, muß man daraus unerbittlich den Schluß ziehen, daß sie einen wider unsere Natur gerichteten Anspruch an uns stellen und zu seiner Erfüllung ganz besonderer Anstalten bedürfen. Wollte man die Warnungstafel für Kraftwagen so unauffällig einfarbig ausgestalten wie Denkmale, so wäre das ein Verbrechen. Auch die Lokomotiven pfeifen doch schrille und keine versonnenen Klänge, und selbst den Briefkasten gibt man eine anlockende Farbe. Mit einem Wort, auch Denkmäler sollten sich heute, wie wir es alle tun müssen, etwas mehr anstrengen! Ruhig am Wege stehn und sich Blicke schenken lassen, könnte jeder; wir dürfen heute von einem Monument mehr verlangen. Wenn man erst diesen Gedanken erfaßt hat – der sich dank gewisser Strömungen des Geistes langsam durchzusetzen beginnt – erkennt man, wie rückständig unsere Denkmalskunst ist, verglichen mit der zeitgenössischen Entwicklung des Anzeigenwesens. Warum greift der in Erz gegossene Held nicht wenigstens zu dem anderwärts längst überholten Mittel, mit dem Finger an eine Glasscheibe zu klopfen? Weshalb drehen sich die Figuren einer Marmorgruppe nicht umeinander, wie es bessere Figuren in den Geschäftsauslagen tun, oder klappen wenigstens die Augen auf und zu? Das mindeste, was man verlangen müßte, um die Aufmerksamkeit zu erregen, wären bewährte Aufschriften wie "Goethes Faust ist der beste!" oder "Die dramatischen Ideen des bekannten Dichters X. sind die billigsten!"

Leider wollen das die Bildhauer nicht. Sie verstehen, wie es scheint, nicht unser Zeitalter des Lärms und der Bewegung. Wenn sie einen Herrn in Zivil darstellen, so sitzt er reglos auf einem Stuhl oder steht da, die Hand zwischen dem zweiten und dritten Knopf seines Rockes, auch hält er zuweilen eine Rolle in der Hand, und es zuckt keine Miene in seinem Gesicht. Er sieht gewöhnlich aus wie die schweren Melancholiker in den Nervenheilanstalten. Wenn die Menschen nicht für Denkmale seelenblind wären und bemerken könnten, was oben vorgeht, so müßten sie, wenn sie vorbeikommen, das Gruseln haben wie an den Mauern eines Irrenhauses. Noch gruseliger ist es, wenn die Bildhauer einen General oder einen Prinzen darstellen. Die Fahne flattert in der Hand, und es geht kein Wind. Das Schwert ist gezückt, und niemand fürchtet sich davor. Der Arm weist gebieterisch vorwärts, aber kein Mensch denkt daran, ihm zu folgen. Selbst das Pferd, das sich mit sprühenden Nüstern zum Sprung erhoben hat, bleibt auf den Hinterhufen stehen, starr vor Staunen darüber, daß die Menschen unten, statt zur Seite zu treten, ruhig ein Wurstbrot in den Mund stecken oder eine Zeitung kaufen. Bei Gott, Denkmalsfiguren machen keinen Schritt und machen doch immerwährend einen Faux pas. Es ist eine verzweifelte Lage.

Ich glaube, daß ich mit diesen Ausführungen einiges zum Verständnis von Denkmalsfiguren, Gedenktafeln und dergleichen habe beitragen können. Vielleicht sieht einer oder der andere von nun an jene an, die an seinem Weg stehen. Was aber trotzdem immer unverständlicher wird, je länger man nachdenkt, ist die Frage, weshalb denn, wenn die Dinge so liegen, gerade großen Männern Denkmale gesetzt werden? Es scheint eine ganz ausgesuchte Bosheit zu sein. Da man ihnen im Leben nicht mehr schaden kann, stürzt man sie gleichsam mit einem Gedenkstein um den Hals, ins Meer des Vergessens.

Der Malsteller

Wenn man durch mehrere Jahre gezwungen ist, Gemäldeausstellungen zu durchwandern, so muß man eines Tages den Begriff Malsteller erfinden. Er verhält sich zum Maler wie der Schriftsteller zum Dichter. Das Wort bringt Ordnung in verwirrte Erscheinungen. Es leben die Schriftsteller seit Beginn unserer Zeitrechnung von der Umstellung der zehn Gebote Gottes und einigen Fabeln, die ihnen die Antike überliefert hat; die Annahme, daß auch die Malstellerei nur von einigen malerischen Grundeinfällen lebt, ist darum schon im voraus nicht unwahrscheinlich.

Zehn wären nicht wenig. Denn wenn man zehn Einfälle richtig anwendet, das heißt in wechselnder Anordnung verbindet, so ergibt das, Rechenfehler vorbehalten, Dreimillionensechshundertachtundzwanzigtausendachthundert verschiedene Kombinationen. Jede dieser Kombinationen wäre anders und alles doch immer das gleiche. Der Kenner könnte ein Leben zurücklegen und zählen: Eins-zwei-drei-vier-fünf ..., Zwei-eins-drei-vier-fünf ..., Drei-zwei-eins-vier-fünf ... und so weiter. Freilich wäre der Kenner empört und sähe sich in seinen bedeutenden Fähigkeiten geschädigt.

Es scheint auch, daß es nach etlichen Hunderttausend den Malstellern selbst zu dumm wird, und sie wechseln dann die "Richtung". Was eine Richtung ist, sieht man auf den ersten Blick, wenn man einen Ausstellungssaal betritt. Man möchte es viel schwerer erkennen, wenn man vor ein einzelnes Bild träte; aber über mehrere Wände ausgespannt, lassen sich Kunstschulen, -richtungen und -zeiten so deutlich wie Tapetenmuster unterscheiden. Hingegen wirkt es meistens undeutlich, wie sie theoretisch begründet werden. Ich will damit den Malstellern nicht nahetreten; sie geben rechtschaffene Arbeit, können viel, und persönlich sind sie meistens Individualitäten. Aber die Produktionsstatistik ebnet das ein.

Eine Benachteiligung, die ihnen widerfährt, muß man übrigens dabei anführen: daß ihre Werke offen an der Wandhängen. Bücher haben den Vorteil, daß sie eingebunden sind, und oft unaufgeschnitten. Dadurch bleiben sie länger berühmt; sie halten sich frisch, und der Ruhm beginnt doch erst dort, wo man von einer Sache weiß, sie aber nicht kennt. Dafür haben die Malsteller freilich wieder den Vorteil, daß sie weit regelmäßiger "gefragt werden" und "notieren" als die Schriftsteller. Wenn es den Kunsthandel nicht gäbe, wie schwer wäre es zu unterscheiden, was einem besser gefällt! Christus hat seinerzeit die Händler aus dem Tempel vertrieben: ich bin aber überzeugt, wenn man den rechten Glauben besitzen könnte, dann könnte man ihn auch verkaufen, dann könnte man sich auch mit ihm schmücken, und dann gäbe es sehr viel mehr Glauben in der Welt als jetzt! Ein anderer Vorzug der Malerei ist es, daß sie eine Technik hat. Schreiben kann jedermann. Malen kann vielleicht auch jedermann, aber es ist nicht so bekannt. Man hat Techniken und Stile erfunden, um es zu verheimlichen. Denn so zu malen wie ein anderer: das kann nicht jedermann; das muß man studiert haben. Die mit Recht jetzt so bewunderten malenden Volksschulkinder fielen in der Kunstakademie durch; aber auch der umlernende Akademiker muß viel Mühe darauf verwenden, um sich an Stelle seiner Konvention das kindliche Zeichnen anzueignen. Alles in allem ist es ein historischer Irrtum zu glauben, daß die Meister Schule machen, die Schüler machen sie!

Genau betrachtet, ist aber auch nicht wahr, daß jeder schreiben kann; im Gegenteil, niemand kann es, jeder schreibt bloß mit und ab. Es ist unmöglich, daß ein Gedicht von Goethe heute auf die Welt käme; und schriebe es durch ein Wunder Goethe selbst, so wäre es ein anachronistisches und vielfach zweifelhaftes neues Gedicht, obgleich es doch auch das herrliche alte wäre! Gibt es eine andere Erklärung für dieses Mysterium, als daß dieses Gedicht von keinem zeitgenössischen Gedicht abgeschrieben erschiene, es sei denn von solchen, die von ihm selbst abgeschrieben sind? Gleichzeitigkeit bedeutet immer Abschreiben. Unsere Ahnen schrieben Prosa in langen, schönen wie Locken gedrehten Sätzen; wir – obgleich auch wir es noch in der Schule so gelernt haben – tun es in kürzeren, die Sache rascher zu Boden setzenden; und niemand in aller Welt kann seine Gedanken von der Art befrein, in der seine Zeit das Sprachkleid trägt. Kein Mensch weiß darum, wieviel er von dem, was er schreibt, auch genau so meint, und beim Schreiben verdrehn die Menschen beiweitem nicht so die Worte wie die Worte den Menschen.

Vielleicht kann also doch auch nicht jedermann malen? Offenbar, der Maler kann es nicht, nicht in dem Sinn, den der Malsteller damit verbindet. Der Maler und der Dichter sind nach Ansicht ihrer Zeitgenossen zunächst immer bloß die, die das nicht können, was die Mal- und Schriftsteller können. Darum halten sich doch sogar viele Schriftsteller für Dichter und Malsteller für Maler. Der Unterschied stellt sich gewöhnlich erst heraus, wenn es zu spät ist. Denn dann ist bereits eine neue Generation von Stellern da, die das schon kann, was der Maler und der Dichter eben erst gelernt haben.

Damit hängt es wohl auch zusammen, daß der Maler und der Dichter immer der Vergangenheit oder der Zukunft anzugehören scheinen; sie werden immer erwartet oder als ausgestorben beklagt. Wenn aber einmal einer leibhaftig dafür gilt, muß es durchaus nicht immer der Richtige sein.

Eine Kulturfrage

Können Sie angeben, was ein Dichter ist?

Man sollte einmal diese Frage ausschreiben wie eins der geistigen Turniere, wo um die Frage gekämpft wird: "Wer hat Herrn Stein ermordet? (In dem Roman, dessen Veröffentlichung morgen in unserer Unterhaltungsbeilage beginnt)" oder: "Was hat Römisch-drei zu tun, wenn Römisch-eins anders ausspielt, als es auf dem letzten Bridgekongreß empfohlen worden ist?"

Es ist aber nicht zu erwarten, daß eine Zeitung ohneweiters auf diesen Vorschlag einginge, und wenn sie es täte, so würde sie ihm eine ansprechendere Form geben. Zumindest die: "Wer ist Ihr Lieblingsdichter?" Aber auch die Fragen: "Wen halten Sie gegenwärtig für den größten Dichter?"

und "Welches ist das beste Buch dieses Jahres (auch: "Monats") gewesen?" scheinen sich durch ihre anregende Wirkung zu empfehlen.

Daraus erfährt der Mensch von Zeit zu Zeit, welche Arten von Dichtern es gibt, und es sind immer größte, bedeutendste, echteste, anerkannteste und gelesenste. Aber was der Dichter ohne Beiwaage sei, wann ein schlicht schreibendes Geschöpf Dichter sei, und nicht "der bekannte Autor von ...", diese Frage ist seit Menschengedenken überhaupt nicht gestellt worden. Unverkennbar, die Welt schämt sich ihrer, als hätte sie einen Beiklang von Biedermeiers Posthorn! Und doch, so wird es kommen, daß der Mensch mit Bestimmtheit zu sagen vermag, was Kaffee Hag, was ein Rolls Royce, was ein Segelflugzeug ist, aber in Verlegenheit geraten wird, wenn seine Kindeskinder voll Spannung ihnfragen: "Urgroßvater, zu deiner Zeit soll es ja noch Dichter gegeben haben. Was ist das?"

Er wird ihnen vielleicht zu erzählen versuchen, daß es Dichter so wenig gegeben zu haben brauche wie den Teufel. Denn man sage doch auch mit größter Bestimmtheit: "Pfui Teufel!" "Zum Teufel!" "Zankteufel!" "Armer Teufel!" und dergleichen mehr, ohne daß man darum schon an den Teufel glaubte. So etwas gehört zum Leben der Sprache, und auf das Leben der deutschen Sprache gäbe keine Unfallversicherungsgesellschaft auch nur das geringste. Aber diese Ausrede wird leicht zu widerlegen sein. Denn mag das Wort "Dichter" in der Geschichte des Geistes unserer Zeit auch noch so wenig bedeuten, unauslöschlich werden kommende Geschlechter seine unerwartete Spur in der Wirtschaftsgeschichte vorfinden! Eine Überlegung, wie viele Menschen heute von dem Wort Dichter leben, findet kaum ein Ende, auch wenn man ganz an der wunderlichen Lüge vorbeisieht, daß selbst der Staat behauptet, für nichts da zu sein, als die Künste und Wissenschaften zu göttlicher Blüte zu bringen. Da läßt sich etwa mit den literarischen Professuren und Seminaren beginnen, und man käme von ihnen auf den gesamten Universitätsbetrieb mit Quästoren, Pedellen, Sekretären und anderen, an deren Unterhalt sie teilhaben. Oder man beginnt mit den Verlegern, käme auf die Verlage mit ihren Angestellten, auf die Kommissionäre, die Sortimenter, die Druckereien, die Papier- und Maschinenfabriken, die Eisenbahn, Post, Steuerbehörde, die Zeitungen, die Ministerialdezernenten, die Intendanten: Kurz, je nach Geduld könnte sich jedermann einen Tag lang diese Zusammenhänge kreuz und quer ausmalen, und was sich immer gleich bliebe, wäre, daß alle diese tausende Menschen bald gut, bald schlecht, bald ganz, bald teilweise davon leben, daß es Dichter gibt: obwohl niemand weiß, was ein Dichter ist, niemand mit Bestimmtheit sagen kann, daß er einen Dichter gesehen habe, und alle

Preisausschreibungen, Akademien, Honorar- und Honoratiorenempfänge nicht die Sicherheit geben, daß man einen lebend einfängt.

Ich schätze, daß heute in der ganzen Welt wirklich einige Dutzend von ihnen noch vorhanden sind. Ob sie davon leben können, daß man von ihnen lebt, ist ungewiß: einige werden wohl dazu imstande sein, andere nicht: das ist alles im Dunkel. Wollte man ähnliche Verhältnisse zum Vergleich heranziehen, so ließe sich vielleicht sagen, daß unzählige Menschen davon leben, daß es Hühner oder davon, daß es Fische gibt; aber die Fische und Hühner leben nicht davon, sondern sterben daran. Auch wäre sogar zu bemerken, daß unsere Hühner und Fische selbst eine Weile davon leben, daß sie sterben müssen: Aber dieser ganze Vergleich scheitert daran, daß man von diesen Geschöpfen weiß, was sie sind, daß es sie wirklich gibt und daß sie keine Störung der Fisch- oder Hühnerzucht mitsichbringen, wogegen der Dichter ganz entschieden eine Störung der Geschäfte bedeutet, die sich auf der Dichtung aufbauen. Hat er Geld oder Glück, so wird man es mit ihm nicht so genau nehmen; sobald er sich aber vermäße, ohne diese beiden sein Erstgeburtsrecht zu beanspruchen, so müßte er, wohin er auch käme, nicht anders wirken als ein Gespenst, das den Einfall hat, uns an ein Darlehen zu erinnern, das unseren Urahnen zur Zeit der Griechen gewährt worden ist. Nach einigen belanglosen idealistischen Beteuerungen würde er in den Verlagen gefragt werden, ob er glaube, eine Dichtung verfertigen zu können, der ein Mindestabsatz von dreißigtausend Exemplaren gewiß sei; und in den Redaktionen würde ihm angeboten werden, kleine Geschichten zu schreiben, die sich aber, was gewiß nur natürlich sei, in die Bedürfnisse einer Zeitung zu schicken hätten. Er aber müßte erwidern, daß er sich darauf nicht verstehe; und ebenso könnte er in Bühnenvertrieben, Buchgemeinderäten und anderen Kulturgenossenschaften nur eine berechtigte Mißstimmung erregen. Denn man will ihm überall wohl und hat, da er sich weder für Kassenstücke, noch Unterhaltungsromane, noch Tonfilme eignet, das dunkle Gefühl, wenn man all das zusammentue, was dieser Mann nicht könne, so bleibe vielleicht wirklich nur übrig, daß er eine ungewöhnliche Begabung sei. Aber dann kann man ihm eben auch nicht helfen, und man müßte kein Mensch sein, wenn man ihm das schließlich nicht übelnähme, um Ruhe vor ihm zu haben.

Als einmal ein solches Gespenst verdurstet um die Einnahmequellen Berlins strich, gab dem ein junger, behender, prangender Schriftsteller, der die entlegensten Verdienstmöglichkeiten bemeisterte und darum das Gefühl hatte, daß er es auch nicht leicht habe, erschüttert mit den Worten Ausdruck: Herrgott, wenn ich so viel Talent hätte wie dieser Esel, was würde ich damit anfangen! Er irrte sich.

Unter lauter Dichtern und Denkern

Es heißt, die Bücher hätten heute keine Größe und die Schriftsteller vermöchten große nicht mehr zu schreiben. Das mag unbestritten bleiben; aber wie wäre es, den Satz einmal umzukehren und die Annahme zu erproben, die deutschen Leser vermöchten nicht mehr zu lesen? Wächst nicht mit der Länge des Gelesenen, vornehmlich wenn dieses wirklich eine Dichtung ist, in steigenden Potenzen ein bis dahin unaufgeklärter Widerstand, der nicht das gleiche wie Mißfallen ist? Es geschieht nicht anders, als ob die Pforte, durch die ein Buch eintreten soll, krankhaft gereizt wäre und sich eng verschlösse. Viele Menschen befinden sich heute, wenn sie ein Buch lesen, in keinem natürlichen Zustand, sondern fühlen sich einer Operation unterworfen, in die sie kein Vertrauen haben.

Forscht man der Quelle nach und lauscht den Gesprächen darüber, so erfährt man, daß der Leser – der gute Leser, der kein Buch von Bedeutung ausläßt und der die Genies des Tages und des Zeitalters ernennt! – man erfährt, daß selbst dieser Leser meistens treulos bereit zu dem Zugeständnis ist, sofern er nur auf starken Widerstand stößt, daß, wirklich ernst genommen, das von ihm begünstigte Genie vielleicht kein Genie sei und daß es wirkliches Genie heute wohl überhaupt nicht gebe. Diese Erfahrung ist aber keineswegs nur auf die Schöne Literatur beschränkt. Auch daß die Medizin sich verfahren, die Mathematik sich verstiegen habe, der Philosophie der Begriff ihres Tuns verloren gegangen sei: an allen Ecken und Enden läßt sich der Laie heute so über den Fachmann vernehmen. Und da auch jeder Fachmann in Hunderten anderer Fächer Laie ist, ergibt das eine sehr große Summe übler Meinung.

Nun ist es natürlich schwer, auf den Zentimeter genau zu sagen, wie groß die vorhandenen Dichter, Denker und Forscher sind; aber darum handelt es sich auch gar nicht bei dieser Erscheinung, denn es stellt sich alsbald heraus, daß sie in ihrem Aufbau dem des bekannten alten Kinderspiels "Schwarzer Peter" gleicht. Die Dichter finden nicht etwa sich selbst, sondern die Forscher, Denker, Techniker und anderen Lichtspender ungenügend, und ebenso verhält es sich mit diesen. Mit einem Wort, dieser Kulturpessimismus, der jeden zu bedrücken scheint, geht grundsätzlich immer "auf Rechnung der andern"; und, trocken zusammengefaßt: der

Mensch als Kulturkonsument ist mit dem Menschen als Kulturproduzenten auf eine heimtückische Weise unzufrieden.

Das verträgt sich aber auf wundersame Art mit seinem Gegenteil; denn nicht seltener, als sich die Klage vernehmen läßt, daß es wahres Genie nicht mehr gebe, läßt sich unter uns die Beobachtung anstellen, daß es nur noch Genie gibt. Man darf, wenn man die Nachrichten und Kritiken unserer Zeitschriften und Zeitungen eine Weile durchblättert, wahrhaft staunen, wieviel erschütternde Seelenverkünder, größte, tiefste und ganz große Meister binnen wenigen Monaten erscheinen; und wie oft im Lauf solcher kurzer Zeit "endlich einmal wieder ein wahrer Dichter" der Nation geschenkt wird; und wie oft die schönste Tiergeschichte und der beste Roman der letzten zehn Jahre geschrieben werden. Einige Wochen später kann sich kaum noch jemand an diesen unvergeßlichen Eindruck erinnern.

Es läßt sich damit die zweite Beobachtung verbinden, daß die Ursprünge fast aller solchen Urteile in Kreisen liegen, die hermetisch gegeneinander abgedichtet sind. Sie werden gebildet von zusammengehörenden Verlagen, Autoren, Kritikern, Blättern, Lesern und Erfolgen, die darüber nicht hinausreichen; und alle diese Kreislein und Kreise, deren Größe einer Liebhaberei oder einer politischen Partei entsprechen kann, haben ihre Genies oder zumindest ihren Niemand mit dem Prädikat Ist-sonst-da. Um die erfolgreichsten Personen bildet sich allerdings ein Kreis aus allen Kreisen, aber das darf eigentlich nicht täuschen; es sieht wohl aus, als ob das wahrhaft Bedeutende doch nicht verkannt werden könnte und eine Nation vorfände, es aufzunehmen, aber in Wahrheit hat der viele versammelnde Erfolg ein sehr zwieträchtiges Elternpaar: denn nicht sowohl, was allen etwas mitteilt, wird bewundert, als vielmehr was jedem das Seine läßt. Und wie der Ruhm eine Mischung ist, sind denn auch die Berühmten eine gemischte Gesellschaft.

Beschränkt man sie nicht nur auf die Schöne Literatur, so wird ihr als Gruppe aufgenommenes Bild überwältigend. Denn nichts bedeutet der Kreis, der Ring, die Schule oder der ausgebreitete Erfolg um den und jenen, der eine anerkannte geistige Beschäftigung ausübt, vergleicht man es mit der Unzahl von Sekten, welche die Läuterung des Geistes vom Einfluß des Kirschenessens, vom Theater der Freilandsiedlung, von der musikalischen Gymnastik, von der Eubiotik oder einer von tausend anderen Sonderlichkeiten erwarten. Es ist gar nicht zu sagen, wie viele solche Rom es gibt, von denen jedes einen Papst hat, dessen Namen Uneingeweihte nie gehört haben, von dem sich aber Eingeweihtedie Erlösung der Welt versprechen. Ganz Deutschland ist voll von solchen geistigen Landsmannschaften: und aus dem großen Deutschland, wo berühmte Forscher nur von einer Lehrtätigkeit leben können und auserlesene Dichter gar nur vom Hausierhandel mit Feuilletons, aus diesem Deutschland strömen ungezählten Halbnarren Mittel und Teilnahme zur Entfaltung ihrer Schrullen, zum Druck von Büchern und zur Gründung von Zeitschriften zu. Darum sind zuletzt in Deutschland, vor seiner Verarmung, jährlich mehr als tausend neue Zeitschriften entstanden und über dreißigtausend Bücher erschienen, und es ist für ein weithin ragendes Zeichen geistiger Bedeutung gehalten worden.

Es ist leider mit weitaus größerer Sicherheit anzunehmen, daß es ein nicht rechtzeitig beachtetes Zeichen eines sich ausbreitenden Beziehungswahns gewesen ist; von dem betroffen, tausende Grüppchen jedes für sich das Leben an einer fixen Idee befestigten, so daß es bald nicht mehr wundernehmen kann, wenn sich ein echter Paranoiker kaum noch des Wettbewerbs der Amateure wird erwehren können.

Kunstjubiläum

"Es ist leichter vorauszusagen, was die Welt in hundert Jahren tun wird, als wie sie in hundert Jahren schreiben wird. Warum? Die ganze Antwort eignet sich nicht für eine Tischrede." (Aus einem unfertigen Buch, das die Frage ernster beantworten wird.)

Wenn einer, wie es zuweilen vorkommt, ein Theaterstück oder einen Roman wiedersieht, die vor zwanzig Jahren seine Seele im Verein mit anderen Seelen hingerissen haben, so erlebt er etwas, das eigentlich noch nie erklärt worden ist, weil es scheinbar jeder für natürlich hält: der Glanz ist weg, die Wichtigkeit ist weg, Staub und Motten fliegen bei der Berührung auf. Aber warum dieses Altern sein muß und was sich dabei eigentlich verändert, weiß man nicht. Die Komik aller Kunstjubiläen besteht darin, daß die alten Bewunderer so feierlich beunruhigte Gesichter machen, als ob ihnen der Kragenknopf hinter die Hemdbrust gerutscht wäre.

Es ist nicht das gleiche, wie einer alten Jugendgeliebten wieder zu begegnen, die mit den Jahren nicht schöner geworden ist. Denn dann begreift man zwar auch nicht mehr, was man einstens gestammelt hat, aber das hängt doch wenigstens mit der rührenden Vergänglichkeit alles Irdischen und dem bekannt unbeständigen Charakter der Liebe zusammen. Aber eine Dichtung, die man wiedersieht, ist wie eine Jugendgeliebte, die zwanzig Jahre in Spiritus gelegen hat: Nicht ein Härchen ist anders, und nicht ein Schüppchen der rosigen Epidermis hat sich verändert. Ein Schauer faßtdich an! Nun sollst du wieder sein, der du warst, der Schein besteht auf seinem Schein: das ist eine Streckfolter, bei der die Sohlen an ihrem Platz geblieben sind, aber der übrige Körper tausendmal um die sich drehende Erde gewickelt worden ist!

Gewesenes Kunsterlebnis wieder zu erleben ist auch anders, als anderen Gespenstern alter Erregungen und Begeisterungen zu begegnen: Feinden, Freunden, durchlärmten Nächten, überstandenen Leidenschaften. Alles dies ist samt seinen Bedingungen versunken, wenn es vorbei ist; es hat irgend einen Zweck erfüllt und ist von der Erfüllung aufgesogen worden; es war eine Strecke des Lebens oder eine Stufe der Person. Aber die gewesene Kunst diente zu nichts, ihr Einst hat sich unmerklich verloren und verlaufen, sie ist niemandes Stufe. Denn fühlt man sich wirklich höher stehen, wenn man auf das einst Bewunderte herabsieht? Man steht nicht höher, sondern bloß anderswo! Ja, ehrlich gesagt, wenn man auch vor einem älteren Bild mit wohligem, kaum unterdrückten Gähnen zur Kenntnis nimmt, daß man nicht mehr begeistert zu sein braucht, so ist man doch noch lange nicht begeistert davon, daß man nun die neuen bewundern soll. Man fühlt sich bloß von einem zeitlichen Zwang in den nächsten geraten, was keineswegs ausschließt, daß man sich höchst freiwillig und aktiv gebart; Freiwilligkeit und Unfreiwilligkeit sind ja nicht durchaus Gegensätze, sie mischen sich auch halb und halb, so daß man schließlich das Freiwillige unfreiwillig übertreibt oder das Unfreiwillige freiwillig, wie es im Leben oft vorkommt.

Dennoch steckt ein merkwürdiges Darüberhinaussein in diesem Anderswo. Es ist, wenn nicht alles trügt, als verwandtmit der Mode zu erkennen. Diese hat ja nicht nur die Eigenschaft, daß man sie nachträglich lächerlich findet, sondern auch die andere, daß man sich während ihrer Dauer schwer vorstellen kann, ein Mann, der nicht Zug um Zug ebenso lächerlich gekleidet sei wie man selbst, sei in seinen Ansichten ohne Vorbehalt ernst zu nehmen. Ich wüßte nicht, was bei unserer Bewunderung für die Antike einen angehenden Philosophen vor dem Selbstmord schützen könnte, wenn nicht der Umstand, daß Platon und Aristoteles keine Hosen trugen; die Hosen haben mehr, als man denkt, zum geistigen Aufbau Europas beigetragen, das ohne sie seinen klassisch-humanistischen Minderwertigkeitskomplex in Ansehen der Antike wahrscheinlich niemals losgeworden wäre. So ist es unser tiefstes Zeitgefühl, daß wir mit niemand tauschen möchten, der nicht in zeitgenössischen Kleidern lebt. Und auch in der Kunst haben wir wohl nur deshalb mit jedem neuen Jahr das Gefühl des Fortschritts; obgleich es vielleicht bloß Zufall ist, daß die Bilderausstellungen gemeinsam mit den neuen Moden auf das Frühjahr und den Herbst entfallen. Dieses Fortschrittsgefühl ist nicht angenehm. Es erinnert aufs äußerste an einen Traum, wo man auf einem Pferd sitzt und nicht herunter kann, weil es keinen Augenblick stillsteht. Man möchte sich gern über den Fortschritt freuen, wenn er bloß ein Ende hätte. Man möchte gern einen Augenblick anhalten und vom hohen Roß zur Vergangenheit sprechen: Sieh, wo ich bin! Aber schon geht die unheimliche Entwicklung weiter, und wenn man das einigemal mitgemacht hat, so beginnt man sich jämmerlich zu fühlen, mit vier fremden Beinen unter dem Bauch, die unentwegt fortschreiten.

Welche Schlüsse wären nun aber daraus zu ziehen, daß es ebenso lächerlich-unangenehm ist, ältere Moden anzusehn, solange sie noch nicht Kostüm geworden sind, wie es lächerlich-unangenehm ist, ältere Bilder anzusehn, oder Hausfassaden, und Bücher von gestern zu lesen? Offenbar kein anderer als der, daß wir uns selbst unangenehm werden, sobald wir einen gewissen Abstand von uns haben. Diese Strecke des Schreckens vor uns selbst beginnt einige Jahre vor Jetzt und endet ungefähr bei den Großeltern, also dort, wo wir anfangen, ganz unbeteiligt zu sein. Erst was dort beginnt, ist nicht mehr veraltet, sondern alt, es ist unsere Vergangenheit, und nicht mehr das, was von uns vergangen ist. Was wir aber selbst getan haben und gewesen sind, liegt fast zur Gänze in der Strecke des Schreckens. Es wäre wahrhaft unerträglich, an alles erinnert zu werden, was man einmal für das Wichtigste gehalten hat, und die meisten Menschen, wenn man ihnen in vorgerückterem Alter tonfilmisch noch einmal ihre größten Gebärden und Auftritte vorführte, fänden sich erstaunlich wenig ansprechend. Wie ist das zu erklären? Offenbar liegt im Wesen des Irdischen eine Übertreibung, ein Superplus und Überschwang. Selbst zu einer Ohrfeige braucht man ja mehr, als man verantworten kann. Dieser Enthusiasmus des Jetzt verbrennt, und sobald er unnötig geworden ist, löscht ihn das Vergessen aus, das eine sehr schöpferische und inhaltsreiche Tätigkeit ist, durch die wir recht eigentlich erst, und fortlaufend immer von neuem, als jene unbefangene, angenehme und folgerichtige Person erstehen, um deretwillen wir alles in der Welt gerechtfertigt finden.

Darin stört uns die Kunst. Von ihr geht nichts aus, was ohne Enthusiasmus bestehen bleiben könnte. Sie ist sozusagen nur Enthusiasmus ohne Knochen und Asche, reiner Enthusiasmus, der zu nichts verbrennt, und doch im Rahmen oder zwischen Buchdeckeln hängen bleibt, als wäre nichts geschehen. Sie wird niemals unsere Vergangenheit, sondern bleibt immer unser Vergangenes. Begreiflicherweise blicken wir sie alle zehn oder fünfundzwanzig Jahre beklommen an!

Eine Ausnahme davon macht die große Kunst, freilich das, was streng genommen, allein Kunst heißen sollte. Aber das hat überhaupt nie so recht in die Gesellschaft der Lebenden gehört.

Triëdere

Zeitlupenaufnahmen tauchen unter die bewegte Oberfläche, und es ist ihr Zauber, daß sich der Zuschauer zwischen den Dingen des Lebens gleichsam mit offenen Augen unter Wasser umherschwimmen sieht. Das hat der Film volkstümlich gemacht; aber es ist schon lange vor ihm auf eine Weise zu erleben gewesen, die sich noch heutigentags durch ihre Bequemlichkeit empfiehlt: indem man nämlich durch ein Fernrohr etwas betrachtet, das man sonst nicht durch ein Fernrohr ansieht. In der Folge ist ein solcher Versuch beschrieben.

Als Gegenstand diente zu Beginn ein Anschlag am Tor eines schönen alten Hauses, das dem Beobachtungsort gegenüber lag und ein bekanntes staatliches Institut beherbergte; dieser Anschlag verkündete, bei Gebrauch des Triëders, daß das staatliche Institut von neun bis sechzehn Uhr Amtsstunden habe. Schon da erstaunte der Beobachter; denn es war fünfzehn Uhr, und nicht nur war weit und breit kein Beamter mehr zu erblicken, sondern er entsann sich auch nicht, jemals um diese Stunde mit unbewaffnetem Auge einen gesehen zu haben. Endlich entdeckte er hinter einem entlegenen Fenster zwei winzige, dicht nebeneinander stehende Herren, die mit den Fingern an die Scheiben trommelten und auf die Straße hinabsahen. Aber er entdeckte sie nicht nur, sondern wie sie nun, in dem kleinen Kreis seines Instruments gefangen, dastanden, verstand er sie auch herzlich und bemerkte mit Stolz, wie wichtig das Triëdern für Beamte noch werden könne, und überhaupt für Männer, die eine geheiligte Zahl von Bürostunden abzusitzen haben.

Als zweites kam dann das Haus daran, worin sich das beobachtete Amt befand. Es war ein altes Palais, mit Fruchtgewinden am Kapitäl der Steinpfeiler und schöner Gliederung nach der Höhe und Breite, und während der Späher noch die Beamten gesucht hatte, war ihm schon aufgefallen, wie deutlich sich dieses Pfeilerwerk, diese Fenster und Gesimse ins Fernglas hineinstellten; nun, da er sie mit einem gesammelten Blick erfaßte, erschrak er beinahe vor der steinernen perspektivischen Korrektheit, mit der sie zu ihm herüberblickten. Er wurde plötzlich inne, daß er bisher diese zu einem Punkt im Hintergrund zusammenlaufenden Waagrechten, diese, je weiter seitlich, umso trapezförmiger, zusammengezogenen Fenster, ja diesen ganzen Absturz vernünftiger, gewohnter Begrenzungen in einen irgendwo seitlich und hinten gelegenen Trichter der Verkürzung nur für einen Alp der Renaissance gehalten hatte: eigentlich für eine grauenvolle Malersage vom Verschwinden der Linien, die gerüchtweise übertrieben werde, wenn auch etwas Richtiges an ihr sein möge. Nun sah er sie aber überlebensgroß, und weit schlimmer als das unwahrscheinlichste Gerücht, vor seinen eigenen Augen.

Wer es nicht glaubt, daß die Welt so ist, der triëdere die Straßenbahn. Vor dem Palais machte sie einen S-förmigen Doppelbogen. Ungezähltemal hatte sie unser Beobachter von seinem zweiten Stockwerk aus daherkommen, eben diesen S-förmigen Doppelbogen machen und wieder davonfahren gesehen; sie, die Straßenbahn: in jedem Augenblick dieser Entwicklung der gleiche längliche rote Wagen. Als er sie nun durch das Triëder betrachtete, bemerkte er aber etwas völlig Anderes: Eine unerklärliche Gewalt drückte plötzlich diesen Kasten zusammen wie eine Pappschachtel, seine Wände stießen immer schräger aneinander, gleich sollte er platt sein; da ließ die Kraft nach, er fing hinten an breit zu werden, durch alle seine Flächen lief wieder eine Bewegung, und während der verdutzte Augenzeuge noch den angehaltenen Atem aus der Brust läßt, ist die alte, vertraute rote Schachtel wieder in Ordnung. Das geschah nun, als er mit dem Glas zusah, alles so deutlich an dem öffentlichen Ding, und nicht etwa persönlich bloß in seinem Auge, daß er darauf hätte schwören mögen, es sei nicht minder wirklich, als wenn ein Fächer geöffnet und geschlossen wird. Und wer es nicht glauben will, der kann es nachprüfen. Er bedarf nur einer Wohnung dazu, auf die eine Straßenbahn in S-förmiger Schleife zukommt.

Sobald diese Entdeckung gemacht war, sah sich der Entdecker natürlich die Frauen an; und da enthüllte sich ihm die ganze unverwüstliche Bedeutung menschlichen Kuppelbaus. Was rund ist an der Frau, und damals nach dem Willen der Mode noch sorgfältiger verheimlicht wurde als heute, so daß es bloß als kleine rhythmische Unebenheit im knabenhaften Fluß der Bewegung erschien, wölbte sich unter dem unbestechlichen Blick des Triëders wieder zu den ureinfachen Hügeln, aus denen die ewige Landschaft der Liebe besteht. Rings darum öffneten und schlossen sich, aufgeregt von jedem Schritt, unerwartet viel wispernde Falten im Kleid. Sie verkündeten dem gewöhnlichen Auge das unantastbare Ansehen der Trägerin oder das Lob des Schneiders und verrieten heimlich, was nicht gezeigt wird; denn in Vergrößerung gesehn, werden Impulse zur Ausführung, und durch ein Glas beobachtet, wird jede Frau eine psychologisch belauschte Susanna im Bade des Kleides. Es war aber überraschend, wie bald sich solche kennerhafte Neugierde unter der unverrückbaren und offenbar etwas boshaften Ruhe des Trië̈derblicks verflüchtigte und bloß noch als Gefackel und Geflacker zwischen den ewigen, sich gleichbleibenden Werten ausnahm, die keine Psychologie brauchen.

Genug davon! Das beste Mittel gegen einen anzüglichen Mißbrauch dieses weltanschaulichen Werkzeugs ist es, an seine Theorie zu denken. Sie heißt Isolierung. Man sieht Dinge immer mitsamt ihrer Umgebung an und hält sie gewohnheitsmäßig für das, was sie darin bedeuten. Treten sie aber einmal heraus, so sind sie unverständlich und schrecklich, wie es der erste Tag nach der Weltschöpfung gewesen sein mag, ehe sich die Erscheinungen aneinander und an uns gewöhnt hatten. So wird auch in der glashellen Einsamkeit alles deutlicher und größer, aber vor allem wird es ursprünglicher und dämonischer. Ein Hut, der eine männliche Gestalt nach schöner Sitte krönt, eins mit dem Ganzen des Mannes von Welt und Macht, durchaus ein nervöses Gebilde, ein Körper-, ja sogar ein Seelenteil, entartet augenblicklich zu etwas Wahnsinnähnlichem, wenn das Triëder seine romantischen Beziehungen zur Umwelt unterbindet und die richtigen optischen herstellt. Die Anmut einer Frau ist tödlich durchschnitten, sobald sie das Glas vom Rocksaum aufwärts als einen sackartigen Raum erfaßt, aus dem zwei geknickte kurze Stelzchen hervorkommen. Und wie beängstigend wird das Zähnefletschen der Liebenswürdigkeit und wie säuglingshaft komisch der Zorn, wenn sie sich, von ihrer Wirkung getrennt, hinter der Sperre des Glases befinden! Zwischen unseren Kleidern und uns und auch zwischen unseren Bräuchen und uns besteht ein verwickeltes moralisches Kreditverhältnis, worin wir ihnen erst alles leihen, was sie bedeuten, und es dann mit Zinseszins wieder von ihnen ausborgen; darum nähern wir uns auch augenblicklich dem Bankerott, wenn wir ihnen den Kredit kündigen.

Natürlich hängen damit die vielbelächelten Torheiten der Mode zusammen, die den Menschen ein Jahr lang verlängern und in einem andern Jahr verkürzen, die ihn dick machen und dünn, die ihn bald oben breit und unten schmal, bald oben schmal und unten breit machen, die in einem Jahr alles an ihm empor und im nächsten alles wieder bergab kämmen, die seine Haare nach vorn und hinten, rechts und links streichen. Sie stellen, wenn man sie ohne alles Mitfühlen betrachtet, eine überraschend geringe

Anzahl von geometrischen Möglichkeiten dar, zwischen denen auf das leidenschaftlichste abgewechselt wird, ohne die Überlieferung jemals ganz zu durchbrechen. Werden auch noch die Moden des Denkens, Fühlens und Handelns einbezogen, von denen ähnliches gilt, so erscheint unsere Geschichte dem empfindlich gewordenen Auge kaum anders als ein Pferch, zwischen dessen wenigen Wänden die Menschenherde besinnungslos hin und her stürzt. Und doch, wie willig folgen wir dabei den Führern, die eigentlich selbst nur entsetzt voranfliehen, und welches Glück grinst uns aus dem Spiegel entgegen, wenn wir Anschluß haben, aussehen wie alle, und alle anders aussehen als gestern! Warum das alles?! Vielleicht befürchten wir mit Recht, daß unser Charakter wie ein Pulver auseinanderfallen könnte, wenn wir ihn nicht in eine öffentlich zugelassene Tüte stecken.

Der Beobachter endete schließlich bei den Füßen, das heißt an der Stelle, wo sich der Mensch aus dem Tierreich erhebt. Und wie unheimlich ist sie bei Mann und Frau! Man weiß ja auch davon einiges schon aus dem Kino, wo berühmte Helden und Heldinnen eilig aus dem Hintergrund hervorwatscheln wie Enten. Aber das Kino dient der Liebe zum Dasein und bemüht sich, dessen Schwächen zu beschönigen, was ihm denn auch mit fortschreitender Technik gelingt. Ganz anders das Triëder! Unerbittlich hält es darauf zu zeigen, wie lächerlich sich die Beine oben von den Hüften abstoßen und wie täppisch sie unten auf Absatz und Sohle landen; das schwankt nicht nur unmenschlich und kommt mit dem dicken Ende zuerst an, sondern vollführt auch dazwischen meistens noch die aufschlußreichsten persönlichenGrimassen. Der Mann hinter dem Instrument hatte binnen fünf Minuten zwei solche Fälle beobachten können. Kaum hatte er einen jungen Kavalier mit Sportkappe aufs Korn genommen, dessen Socken wie der Hals einer Ringeltaube gestreift waren, als er auch schon gewahrte, wie dieser gelassen neben seinem Mädchen als Gebieter Schlendernde bei jedem seiner langsamen Schritte das Bein mit einem angestrengten winzigen Ruck aus dem Stand schleudern mußte. Kein Arzt, kein Mädchen, auch nicht er ahnte noch das Grauen, das ihm bevorstand; bloß das Triëder löste die kleine Gebärde der Hilflosigkeit aus der allseitigen Harmonie der Brutalität und ließ die heranwachsende Zukunft im Bild erscheinen! Etwas Harmloseres geschah an dem freundlichen, rundlichen Mann in den besten Jahren, der rasch daherkam und der Welt eine wohlwollende, zutuliche Art des Gehens darbot: Nach einem Schnitt durch die Mitte, der die Beine auspräparierte, kam augenblicklich hervor, daß der Fuß ganz scheußlich einwärts aufgekantet wurde; und nun, da an dieser Stelle der Schein durchbrochen war, pendelten auch die Arme eigensinnig in den Schulterpfannen, die Schultern zogen am Genick, und statt eines

Ganzen des Wohlwollens war mit einem Male ein menschliches System zu sehen, das nur darauf bedacht war, sich selbst zu behaupten, und gar nichts für andere übrig hatte!

Auf solche Weise trägt also das Fernglas sowohl zum Verständnis des einzelnen Menschen bei als auch zu einer sich vertiefenden Verständnislosigkeit für das Menschsein. Indem es die gewohnten Zusammenhänge auflöst und die wirklichen entdeckt, ersetzt es eigentlich das Genie oder ist wenigstens eine Vorübung dazu. Vielleicht empfiehlt man es aber gerade darum vergeblich. Benutzen doch die Menschen das Glas sogar im Theater dazu, die Illusion zu erhöhen, oder im Zwischenakt um nachzusehen, wer da ist, wobei sie nicht das Unbekannte suchen, sondern die Bekannten.

Hier ist es schön

Es gibt viele Menschen, die sich von ihren Vergnügungsreisen an berühmte Orte führen lassen. Sie trinken in ihrem Hotelgarten Bier, und wenn sie dazu angenehme Bekanntschaften machen, freuen sie sich schon auf die Erinnerung. Am letzten Tag gehen sie bis zum nächsten Papierladen; dort kaufen sie Ansichtskarten, und dann kaufen sie noch beim Kellner Ansichtskarten. Die Ansichtspostkarten, welche diese Menschen kaufen, sehen in der ganzen Welt einander ähnlich. Sie sind koloriert; die Bäume und Wiesen giftgrün, der Himmel pfaublau, die Felsen sind grau und rot, die Häuser haben ein geradezu schmerzendes Relief, als könnten sie jeden Augenblick aus der Fassade fahren; und so eifrig ist die Farbe, daß sie gewöhnlich auch noch auf der anderen Seite ihrer Kontur als schmaler Streif mitläuft. Wenn die Welt so aussähe, könnte man wirklich nichts Besseres tun, als ihr eine Marke aufzukleben und sie in den nächsten Kasten zu werfen. Auf diese Ansichtskarten schreiben diese Menschen: "Hier ist es unbeschreiblich schön" oder: "Hier ist es herrlich" oder: "Schade, daß Du diese Pracht nicht mit mir sehen kannst". Manchmal schreiben sie auch: "Du kannst Dir keine Vorstellung machen, wie schön es hier ist" oder: "wie wir hier schwelgen!"

Man muß diese Leute aber nur richtig verstehen! Sie freuen sich sehr, daß sie auf der Reise sind und so viele schöne Dinge sehn, die andre nicht sehen können; aber es bereitet ihnen Pein und Verlegenheit, diese Dinge anzuschaun. Wenn ein Turm höher ist als andere Türme, ein Abgrund tiefer als die gewöhnlichen Abgründe oder ein berühmtes Bild besonders groß oder klein ist, so geht es ja an, denn dieser Unterschied läßt sich festhalten und erzählen; sie versuchen darum auch, einen berühmten Palast immer besonders weitläufig zu finden oder besonders alt, und unter den Landschaften bevorzugen sie die wilden. Könnte man sie bloß über Fahrpläne, Hotelpreise und Uniformen täuschen (aber gerade das kann man nie!) und sie unversehens auf einen Felsen in der Sächsischen Schweiz setzen, so vermöchte man ihnen einen echten Matterhornschauer einzureden, denn schwindlig genug ist es auch in Sachsen. Wenn aber etwas nicht hoch, tief, groß, klein oder auffallend angestrichen, kurzum wenn etwas nicht etwas ist, sondern bloß schön, dann würgen sie wie an einem großen, glatten Bissen, der nicht hinauf- und nicht hinabgeht, der zu nachgiebig ist, an ihm zu ersticken, und zu unnachgiebig, als daß man ein Wort hervorbringen könnte. So entstehen eben jene Och! und Ach!, die peinliche Erstickungslaute sind. Man kann sich nicht gut mit den Fingern in den Hals greifen; und eine bessere Art, die nötigen Worte aus dem Mund zu bringen, hat man nicht gelernt. Es ist unrecht, sich darüber lustig zu machen. Diese Ausrufe drücken eine sehr schmerzliche Beklemmung aus.

Geschulte Kunstbetrachter haben natürlich ganz besondere Handgriffe dafür, und über diese wäre nun freilich auch mancherlei zu sagen; aber das könnte wohl zu weit führen. Trotz aller Beklemmung fühlen übrigens auch die unverdorbenen Menschen eine ehrliche Freude, wenn sie etwas anerkannt Schönes betrachten dürfen. Diese Freude hat merkwürdige Abstufungen. Sie enthält zum Beispiel den gleichen Stolz, wie wenn man erzählen kann, man sei an einem Bankgebäude gerade zu der Stunde vorbeigekommen, wo der berühmte Defraudant X. daraus entflohen sein müsse; andere Leute beseligt es schon, die Stadt zu betreten, wo Goethe acht Tage geweilt hat, oder den angeheirateten Vetter der Dame zu kennen, die als erste den Ärmelkanal durchschwommen hat; ja, es gibt Menschen, die es bereits als etwas Besonderes empfinden, überhaupt in einer so großen Zeit zu leben. Es scheint sich immer um irgendein Dabeigewesensein zu handeln; aber zu leicht darf es im allgemeinen nicht sein, es muß einen Hauch von persönlicher Erlesenheit besitzen. Denn so sehr die Menschen es leugnen, indem sie behaupten, ganz von ihren Tätigkeiten ausgefüllt zu sein, haben sie eine kindische Freude an persönlichen Erlebnissen und jener nicht zu beschreibenden Bedeutung, die man durch sie erhält. Ihr "persönliches Schicksal" berührt sie dann, was eine ganz sonderbare Sache ist. "Eben hatte er noch mit mir gesprochen, und dann glitt er aus und brach sich das Bein ...!": wenn sie so etwas sagen können, fühlen sie, daß hinter dem großen blauen Fenster mit den Wolkengardinen jemand lange gestanden ist und sie angeschaut hat.

Und man wird es vielleicht nicht glauben, aber wirklich meistens nur aus diesem Grund geschieht es, daß man selbst in die Orte reist, von denen man Ansichtskarten kauft, was ja an und für sich ganz unverständig wäre, da es doch viel einfacher ist, sich die Karten kommen zu lassen. Und darum müssen diese Karten auch unabweislich- und überlebensschön sein; wenn sie einmal natürlich werden sollten, wird die Menschheit etwas verloren haben. "So sieht es offenbar hier aus" – sagt man und betrachtet sie mißtrauisch; dann schreibt man darunter: Du machst dir keine Vorstellung, wie schön das ist ...! Es ist die gleiche Wendung, mit der ein Mann einem anderen anvertraut: Du kannst dir keine Vorstellung machen, wie sehr sie mich liebt ...

Wer hat dich, du schöner Wald ?

Wenn es sehr heiß ist und man einen Wald sieht, so singt man: "Wer hat dich, du schöner Wald, aufgebaut so hoch da droben?" Das geschieht mit automatischer Sicherheit und gehört zu den Reflexbewegungen des deutschen Volkskörpers. Je ohnmächtiger die von Hitze aufgequollene Zunge schon überall im Munde anstößt und je ähnlicher einer Haifischhaut die Kehle bereits geworden ist, desto empfindungsvoller reißen sie die letzte Kraft zu einem musikalischen Finish zusammen und beteuern, daß sie den Meister loben wollen, solang' noch die Stimm' erschallt. – Dieses Lied wird mit der ganzen Unbeugsamkeit jenes Idealismus gesungen, den am Ende aller Leiden ein Getränk erwartet.

Man braucht sich aber nur, wer immer es sei, einmal durch längere Zeit in der Gegend jenes hitzeschwangeren vierzigsten Fiebergrads befunden zu haben, wo der Grenzverkehr zwischen Tod und Leben beginnt, um allen Spott über dieses Lied fahren zu lassen. Man liegt dann – angenommen: nach einem schweren Unglücksfall, operiert und doch wieder ganz geworden – als Genesender in dem schönen Sanatorium eines Kurorts, in weiße Tücher und Decken gehüllt, auf einem luftüberströmten Balkon, und die Welt ist nur ein fernes Summen; jede Wette, wenn das Sanatorium diese Möglichkeit hat, wird man auch so gebettet, daß man wochenlang nichts vor Augen sieht als das steile, grüne Waldzelt eines Berges. Man wird so geduldig wie ein Kiesel in einem Bach, um den das Wasser spült. Das Gedächtnis ist noch voll Fieber und der überstandenen süßen Trockenheit nach der Narkose. Und man erinnert sich bescheiden, daß man in den Tagen und Nächten, wo Tod und Leben miteinander stritten und die tiefsten oder doch letzten Gedanken am Platz gewesen wären, rein nichts gedacht hat, als immer das gleiche: wie man auf einer Hochsommerwanderung sich dem kühlen Saum eines Waldes nähert. Immer von neuem taucht die

Einbildung aus der galligen Glut der Sonne in das feuchte Dunkel, um sogleich wieder zwischen prallen Feldern von neuem heranwandern zu müssen. Wie wenig bedeuten Gemälde, Romane, Philosophien in solchen Augenblicken! In diesem Zustand der Schwäche schließt sich das, was einem an Körper geblieben ist, wie eine fiebernde Hand, und die geistigen Wünsche schmelzen darin weg, wie Körnchen Eis, die nicht zu kühlen vermögen. Man nimmt sich vor, fortab ein Leben zu führen, das so alltäglich wie nur möglich sein werde, von ernsten Bemühungen um Wohlhabenheit und ihre Genüsse erfüllt, die so einfach und unveränderlich sind wie der Geschmack der Kühle, des Behagens und der friedlichen Tätigkeit. Oh, man verabscheut alles Ungewöhnliche, Anstrengende und Geniale, solange man krank ist, und sehnt sich nach den ewigen, von Mensch zu Mensch gleichen, gesunden Mittelwerten. Steckt darin ein Problem? Mag es warten! Einstweilen ist es die wichtigere Frage, ob in einer Stunde Hühnerbouillon oder schon etwas Erquicklicheres auf den Tisch kommt, und man summt vor sich hin: "Wer hat dich, du schöner Wald, aufgebaut so hoch da droben ..." Das Leben erscheint so sonderbar gerade gebogen; denn, nebenbei bemerkt, auch musikalisch ist man vordem nie gewesen.

Aber allmählich schritt die Genesung fort, und mit ihr kehrte der böse Geist wieder. Man stellt Beobachtungen an. Gegenüber dem Balkon steht noch immer das grüne Waldzelt eines Berges, man brummt ihm noch immer das dankbare Lied zu, das nun einmal nicht abzuschütteln ist; aber eines Tages nimmt man Kenntnis davon, daß der Wald nicht bloß aus einer Notenfolge, sondern aus Bäumen besteht, die man vor Wald nicht bemerkt hat. Wenn man scharf hinsieht, kann man sogar erkennen, daß diese freundlichen Riesen sich Licht und Boden mit dem Futterneid von Pferden streitig machen. Still stehen sie beisammen, hier vielleicht eine Gruppe Fichten, dort eine Gruppe Buchen; es sieht so natürlich dunkel und hell aus wie gemalt und so moralisch erbaulich wie der schöne Zusammenhalt von Familien, aber in Wahrheit ist es der Abend einer tausendjährigen Schlacht. Gibt es denn nicht gelehrte Kenner der Natur, von denen wir erfahren können, daß die reckenhafte Eiche, heute fast schon ein Sinnbild der Einsamkeit, einst in unabsehbaren Heeren ganz Deutschland überzogen hat? Daß die Fichte, die jetzt alles andere verdrängt, ein später Eindringling ist? Daß irgendwann eine Zeit des Buchenreiches aufgerichtet worden ist, und ein anderes Mal ein Imperialismus der Erlen? Es gibt eine Baumwanderung, wie es eine Völkerwanderung gibt, und wo du einen einheitlichen urwüchsigen Wald siehst, ist es ein Heerhaufen, der sich auf dem erkämpften Schlachthügel befestigt hat; und wo dir gemischter

Baumschlag das Bild friedlichen Beisammenseins vorzaubert, sind es versprengte Streiter, zusammengedrängte Reste feindlicher Scharen, die einander vor Erschöpfung nicht mehr vernichten können!

Immerhin ist das noch Poesie, wenn es auch gerade nicht die des Friedens ist, den wir im Walde suchen; die wahre Natur ist auch darüber schon hinaus. Genese an ihrem Herzen, und du wirst – sofern man dir alle Vorzüge moderner Natur bietet – mit zunehmender Kräftigung eines Tages auch noch die zweite Beobachtung machen, daß ein Wald meistens aus Bretterreihen besteht, die oben mit Grün verputzt sind. Das ist keine Entdeckung, sondern nur ein Eingeständnis; ich vermute, man könnte den Blick gar nicht ins Grün tauchen, wenn es nicht schon mit schnurgeraden Spalten dafür angelegt wäre. Die schlauen Förster sorgen bloß für ein wenig Unregelmäßigkeit, für irgendeinen Baum, der hinten etwas aus der Reihe tritt, um den Blick abzufangen, einen querlaufenden Schlag oder einen gestürzten Stamm, den man sommersüber liegen läßt. Denn sie haben ein feines Gefühl für die Natur und wissen, daß man ihnen nicht mehr glauben möchte. Urwälder haben etwas höchst Unnatürliches und Entartetes. Die Unnatur, die der Natur zur zweiten Natur geworden ist, fällt in ihnen in Natur zurück. Ein deutscher Wald macht so etwas nicht.

Ein deutscher Wald ist seiner Pflicht bewußt, daß man von ihm singen könne: Wer hat dich, du schöner Wald, aufgebaut so hoch da droben? Wohl den Meister will ich loben, solang' noch meine Stimm' erschallt! Der Meister ist ein Forstmeister, Oberforstmeister oder Forstrat, und hat den Wald so aufgebaut, daß er mit Recht sehr böse wäre, wenn man darin seine sachkundige Hand nicht sofort bemerken wollte. Er hat für Licht, Luft, Auswahl der Bäume, für Zufahrtswege, Lage der Schlagplätze und Entfernung des Unterholzes gesorgt und hat den Bäumen jene schöne, reihenförmige, gekämmte Anordnung gegeben, die uns so entzückt, wenn wir aus der wilden Unregelmäßigkeit der Großstädte kommen. Hinter diesem Forstmissionar, der einfältigen Herzens den Bäumen das Evangelium des Holzhandels predigt, steht eine Güterdirektion, Domänenverwaltung oder fürstliche Kammer und schreibt es vor. Nach ihren Anordnungen entstehen soundso viel tausend Holzmeter freier Aussicht oder jungen Grüns alljährlich, sie verteilt die herrlichen Blicke und den kühlen Schatten. Aber nicht in ihrer Hand ruht das letzte Geschick. Noch höher als sie thronen in der Reihe der Waldgötter der Holzhändler und seine Abnehmer, die Sägewerke, Holzstoffabriken, Bauunternehmer, Schiffswerften, Pappwaren- und Papiererzeuger ... Hier verliert sich der Zusammenhang in jenes namenlose Geschling, jenen gespenstischen Güter- und Geldkreislauf, welcher selbst einem Menschen, der vor Armut aus dem Fenster springt, die Gewißheit gibt, daß er durch die Folgen einen wirtschaftlichen Einfluß ausübt, und der auch dich, wenn du im verzweifelten Sommer der Großstadt deine Hose auf einer Holzbank und eine Holzbank an deiner Hose abwetzt, zum Geburtenregler von Wollschafen und Wäldern macht, die alle der Teufel holen möge.

Soll man nun singen: Wer hat dich, du schönes Magazin der Technik und des Handels, aufgebaut so hoch da droben? Wohl die Ameisensäuregewinnung (aus der Holzfaser; aber je nach den Umständen auch andre Verwertungsarten) will ich loben, solang' noch meine Stimm' erschallt!–? Die Frage wird allgemein verneint werden. Noch ist der Ozon des Waldes da, noch seine sanfte grüne Masse, seine Kühle, seine Stille, seine Tiefe und Einsamkeit. Es sind unausgenutzte Nebenprodukte der Forsttechnik und so herrlich überflüssig, wie es der Mensch auf Urlaub ist, wenn er nichts ist als er selbst. Darin besteht noch immer eine tiefe Verwandtschaft. Der Busen der Natur ist zwar künstlich, aber auch der Mensch auf Urlaub ist ein künstlicher Mensch. Er hat sich vorgenommen, nicht an Geschäfte zu denken; das bedeutet nahezu ein inneres Schweigegebot, nach kurzer Zeit wird alles unsäglich still und öd vor Glück in ihm. Wie dankbar ist er dann für die kleinen Zeichen, leisen Worte, welche die Natur für ihn bereit hat! Wie schön sind Wegmarkierungen, Inschriften, die verraten, daß es noch eine Viertelstunde bis zum Wirtshaus Waldruhe dauert, Bänke und verwitterte Tafeln, welche die zehn Verbote der Forstverwaltung verkünden; die Natur wird beredt! Wie glücklich ist er, wenn er Teilnehmer findet, um auf einer Landpartie gemeinsam der Natur entgegenzutreten; Genossen für ein Kartenspiel im Grünen oder eine Bowle bei Sonnenuntergang! Durch solche kleinen Hilfen gewinnt die Natur die Vorzüge eines Öldrucks, und es gibt dann gleich nicht mehr so viel des Verwirrenden. Ein Berg ist dann ein Berg, ein Bach ein Bach, Grün und Blau stehen mit großer Deutlichkeit nebeneinander, und keinerlei Schwierigkeiten des Verstehens hindern den Betrachter, auf dem kürzesten Weg zu der Überzeugung zu gelangen, daß es etwas Schönes ist, was er besitzt. Sobald man aber so weit gelangt ist, stellen sich auch die sogenannten ewigen Empfindungen mit Leichtigkeit ein. Frage einen Menschen von heute, der noch durch keinerlei Gerede verwirrt ist, was ihm besser gefalle, eine Landschaftsmalerei oder ein Öldruck, so wird er ohne Zögern antworten müssen, daß er einen guten Öldruck vorziehe. Denn der unverdorbene Mensch liebt die Deutlichkeit und den Idealismus, und zu beiden ist die Industrie weitaus geschickter als die Kunst.

In solchen Fragen deutete sich die fortschreitende Besserung unseres Kranken an. Der Arzt sagt zu ihm: "Kritisieren Sie so viel Sie wollen; üble Laune ist ein Zeichen der Genesung." – "Das kann man wohl verstehen!" erwiderte der ins Leben Zurückkehrende bekümmert.

Der bedrohte Ödipus

Obwohl boshaft und einseitig, erhebt diese Kritik keinen Anspruch auf wissenschaftliche Objektivität. Hatte der antike Mensch seine Szylla und seine Charybdis, so hat der moderne Mensch den Wassermann und den Ödipus; denn wenn es ihm gelungen ist, ersteren zu vermeiden und mit Erfolg einen Nachkommen auf die Beine zu stellen, kann er desto sicherer damit rechnen, daß diesen der zweite holt. Man darf wohl sagen, daß ohne Ödipus heute so gut wie nichts möglich ist, nicht das Familienleben und nicht die Baukunst.

Da ich selbst noch ohne Ödipus aufgewachsen bin, kann ich mich natürlich nur mit großer Vorsicht über diese Fragen äußern, aber ich bewundere die Methoden der Psychoanalyse. Ich erinnere mich aus meiner Jugendzeit an das Folgende: Wenn einer von uns Knaben von einem anderen mit Beschimpfungen so überhäuft wurde, daß ihm beim besten Willen nichts einfiel, den Angriff mit gleicher Kraft zu erwidern, so gebrauchte er einfach das Wörtchen "selbst", das, in die Atempausen des anderen eingeschaltet, auf kurzem Wege alle Beleidigungen umkehrte und zurückschickte. Und ich habe mich sehr gefreut, als ich beim Studium der psychoanalytischen Literatur wahrnehmen konnte, daß man allen Personen, die vorgeben, daß sie nicht an die Unfehlbarkeit der Psychoanalyse glauben, sofort nachweist, daß sie ihre Ursachen dazu hätten, die natürlich wieder nur psychoanalytischer Natur seien. Es ist das ein schöner Beweis dafür, daß auch die wissenschaftlichen Methoden schon vor der Pubertät erworben werden.

Erinnert die Heilkunde aber durch diesen Gebrauch der "Retourkutsche" an die herrliche alte Zeit der Postreisen, so tut sie das zwar unbewußt, doch beileibe nicht ohne tiefenpsychologischen Zusammenhang. Denn es ist eine ihrer größten Leistungen, daß sie inmitten des Zeitmangels der Gegenwart zu einer gemächlichen Verwendung der Zeit erzieht, geradezu einer sanften Verschwendung dieses flüchtigen Naturprodukts. Man weiß, sobald man sich in die Hände des Seelenverbesserers begeben hat, bloß, daß die Behandlung sicher einmal ein Ende haben wird, begnügt sich aber ganz und gar mit den Fortschritten. Ungeduldige Patienten lassen sich zwar schnell von ihrer Neurose befreien und beginnen dann sofort mit einer neuen, doch wer auf den rechten Genuß der Psychoanalyse gekommen ist, der hat es nicht so eilig. Aus der Hast des Tages tritt er in das Zimmer seines Freundes, und möge außen die Welt an ihren mechanischen Energien zerplatzen, hier gibt es noch gute alte Zeit. Teilnahmsvoll wird man gefragt, wie man geschlafen und was man geträumt habe. Dem Familiensinn, den das heutige Leben sonst schon arg vernachlässigt, wird seine natürliche Bedeutung wieder zurückgegeben, und man erfährt, daß es gar nicht lächerlich erscheint, was Tante Guste gesagt hat, als das Dienstmädchen den Teller zerbrach, sondern, richtig betrachtet, aufschlußreicher ist als ein Ausspruch von Goethe. Und wir können ganz davon absehn, daß es auch nicht unangenehm sein soll, von dem Vogel, den man im Kopf hat, zu sprechen, namentlich wenn dieser ein Vogel Storch ist. Denn wichtiger als alles einzelne undschlechthin das Wichtigste ist es, daß sich der Mensch, sanft magnetisch gestreichelt, bei solcher Behandlung wieder als das Maß aller Dinge fühlen lernt. Man hat ihm durch Jahrhunderte erzählt, daß er sein Verhalten einer Kultur schuldig sei, die viel mehr bedeute als er selbst; und als wir die Kultur im letzten Menschenalter zum größten Teil doch endlich losgeworden sind, war es wieder das Überhandnehmen der Neuerungen und Erfindungen, neben dem sich der Einzelne als ein Nichts vorkam: Nun aber faßt die Psychoanalyse diesen verkümmerten Einzelnen bei der Hand und beweist ihm, daß er nur Mut haben müsse und Keimdrüsen. Möge sie nie ein Ende finden! Das ist mein Wunsch als Laie; aber ich glaube, er deckt sich mit dem der Sachverständigen.

Ich werde darum von einer Vermutung beunruhigt, die ja möglicherweise nur meiner Laienhaftigkeit entspringt, vielleicht aber doch richtig ist. Denn soviel ich weiß, steht heute der vorhin erwähnte Ödipuskomplex mehr denn je im Mittelpunkt der Theorie; fast alle Erscheinungen werden auf ihn zurückgeführt, und ich befürchte, daß es nach ein bis zwei Menschenfolgen keinen Ödipus mehr geben wird! Man mache sich klar, daß er der Natur des kleinen Menschen entspringt, der im Schoß der Mutter sein Vergnügen finden und auf den Vater, der ihn von dort verdrängt, eifersüchtig sein soll. Was nun, wenn die Mutter keinen Schoß mehr hat?! Schon versteht man, wohin das zielt: Schoß ist ja nicht nur jene Körpergegend, für die das Wort im engsten Sinne geschaffen ist; sondern dieses bedeutet psychologisch das ganze brütend Mütterliche der Frau, den Busen, das wärmende Fett, die beruhigende und hegende Weichheit, ja es bedeutet nicht mit Unrecht sogar auch den Rock, dessen breite Falten ein geheimnisvolles Nest bilden. In diesem Sinn stammen die grundlegenden Erlebnisse der Psychoanalyse bestimmt von der Kleidung der siebziger und achtziger Jahre ab, und nicht vom Skikostüm. Und nun gar bei Betrachtung im Badetrikot: wo ist heute der Schoß? Wenn ich mir die psychoanalytische Sehnsucht, embryonal zu ihm zurückzufinden, an den laufenden und crawlenden Mädchen- und Frauenkörpern vorzustellen versuche, die heute an der Reihe sind, so sehe ich, bei aller Anerkennung ihrer eigenartigen Schönheit, nicht ein, warum die nächste Generation nicht ebensogern in den Schoß des Vaters wird zurückwollen. Was aber dann? Werden wir statt des Ödipus einen Orestes bekommen? Oder wird die Psychoanalyse ihre segensreiche Wirkung aufgeben müssen?

III. Geschichten, die keine sind

Der Riese Agoag

Wenn der Held dieser kleinen Erzählung – und wahrhaftig, er war einer! – die Ärmel aufstreifte, kamen zwei Arme zum Vorschein, die so dünn waren wie der Ton einer Spieluhr. Und die Frauen lobten freundlich seine Intelligenz, aber sie "gingen" mit anderen, von denen sie nicht so gleichmäßig freundlich sprachen. Nur eine einzige ansehnliche Schöne hatte ihn einmal, und zu aller Überraschung, tieferer Teilnahme gewürdigt; aber sie liebte es, ihn mit zärtlichen Augen anzuschaun und dabei die Achseln zu zucken. Und nachdem sich das kurze Schwanken in der Wahl von Koseworten gelegt hatte, das gewöhnlich zu Beginn einer Liebe statt hat, nannte sie ihn: "Mein Eichhörnchen!"

Darum las er in den Zeitungen nur den Sportteil, im Sportteil am eifrigsten die Boxnachrichten und von den Boxnachrichten am liebsten die über Schwergewichte.

Sein Leben war nicht glücklich; aber er ließ nicht ab, den Aufstieg zur Kraft zu suchen. Und weil er nicht genug Geld hatte, in einen Kraftverein einzutreten, und weil Sport ohnedies nach neuer Auffassung nicht mehr das verächtliche Talent eines Leibes, sondern ein Triumph der Moral und des Geistes ist, suchte er diesen Aufstieg allein. Es gab keinen freien Nachmittag, den er nicht dazu benutzte, auf den Zehenspitzen spazieren zu gehen. Wenn er sich in einem Zimmer unbeobachtet wußte, griff er mit der rechten Hand hinter den Schultern vorbei nach den Dingen, die links von ihm lagen, oder umgekehrt. Das An- und Auskleiden beschäftigte seinen Geist als die Aufgabe, es auf die weitaus anstrengendste Weise zu tun. Und weil der menschliche Körper zu jedem Muskel einen Gegenmuskel hat, so daß der eine streckt, wenn der andere beugt, oder beugt, wenn jener streckt, gelang es ihm, sich bei jeder Bewegung die unsagbarsten Schwierigkeiten zu schaffen. Man kann wohl behaupten, daß er an guten Tagen aus zwei völlig fremden Menschen bestand, die einander unaufhörlich bekämpften. Wenn er aber nach solchem aufs beste ausgenutzten Tag ans Einschlafen ging, so spreizte er alle Muskeln, deren er überhaupt habhaft werden konnte, noch einmal gleichzeitig auseinander; und dann lag er in seinen eigenen Muskeln wie ein Stückchen fremdes Fleisch in den Fängen eines Raubvogels, bis ihn Müdigkeit überkam, der Griff sich löste und ihn senkrecht in den Schlaf fallen ließ. Es durfte nicht ausbleiben, daß er bei dieser Lebensweise unüberwindlich stark werde. Aber ehe das geschah, bekam er Streit auf der Straße und wurde von einem dicken Schwamm von Menschen verprügelt.

Bei diesem schimpflichen Kampf nahm seine Seele Schaden, er wurde niemals ganz so wie früher, und es war lange fraglich, ob er ein Leben ohne alle Hoffnung werde ertragen können. Da rettete ihn ein großer Omnibus. Er wurde zufällig Zeuge, wie ein riesenhafter Omnibus einen athletisch gebauten jungen Mann überfuhr, und dieser Unfall, so tragisch für das Opfer, gestaltete sich für ihn zum Ausgangspunkt eines neuen Lebens. Der Athlet wurde sozusagen vom Dasein abgeschält wie ein Span oder eine Apfelschale, wogegen der Omnibus bloß peinlich berührt zur Seite wich, stehen blieb und aus vielen Augen zurückglotzte. Es war ein trauriger Anblick, aber unser Mann nahm rasch seine Chance wahr und kletterte in den Sieger hinein.

Das war nun so, und von Stund an blieb es auch so: Für fünfzehn Pfennige durfte er, wann immer er wollte, in den Leib eines Riesen kriechen, vor dem alle Sportsleute zur Seite springen mußten. Der Riese hieß Agoag. Das bedeutete vielleicht Allgemein-geschätzte-Omnibus-Athleten-Gesellschaft; denn wer heute noch Märchen erleben will, darf mit der Klugheit nicht ängstlich umgehn. Unser Held saß also auf dem Verdeck und war so groß, daß er alles Gefühl für die Zwerge verlor, die auf der Straße wimmelten. Unvorstellbar wurde, was sie miteinander zu besprechen hatten. Er freute sich, wenn sie aufgeschreckt hopsten. Er schoß, wenn sie die Fahrbahn überquerten, auf sie los wie ein großer Köter auf Spatzen. Er sah auf die Dächer der schmucken Privatwagen, die ihn früher immer durch ihre Vornehmheit eingeschüchtert hatten, jetzt, im Bewußtsein der eigenen Zerstörungskraft, ungefähr so herab, wie ein Mensch, mit einem Messer in der Hand, auf die lieben Hühner in einem Geflügelhof blickt. Es brauchte aber durchaus nicht viel Einbildung dazu, sondern bloß logisches Denken.

Denn wenn es richtig ist, was man sagt, daß Kleider Leute machen, weshalb sollte das nicht auch ein Omnibus können? Man hat seine ungeheuerliche Kraft an oder um, wie ein anderer einen Panzer anlegt oder ein Gewehr umhängt; und wenn sich die ritterliche Heidenschaft mit einem schützenden Panzer vereinen läßt, weshalb dann nicht auch mit einem Omnibus? Und gar die großen Kraftnaturen der Weltgeschichte: war denn ihr schwacher, von den Bequemlichkeiten der Macht verwöhnter Leib das Furchtbare an ihnen, oder waren sie unüberwindlich durch den Apparat der Macht, mit dem sie ihn zu umgeben wußten? Und was ist es, dachte unser Mann, in seinem neuen Gedankenkreis thronend, mit allen den Edelleuten des Sports, welche die Könige des Boxens, Laufens und Schwimmens als Höflinge umgeben, vom Manager und Trainer bis zum Mann, der die blutigen Eimer wegträgt oder den Bademantel um die Schultern legt; verdanken diese zeitgenössischen Nachfolger der alten Truchsessen und Mundschenken ihre persönliche Würde ihrer eigenen oder den Strahlen einer fremden Kraft? Man sieht, er hatte sich durch einen Unfall vergeistigt.

Er benutzte nun jede freie Stunde nicht mehr zum Sport, sondern zum Omnibusfahren. Sein Traum war ein umfassendes Streckenabonnement. Und wenn er es erreicht hat, und nicht gestorben, erdrückt, überfahren worden, abgestürzt oder in einem Irrenhaus ist, so fährt er damit noch heute. Allerdings, einmal ging er zu weit und nahm auf seine Fahrten eine Freundin mit, in der Erwartung, daß sie geistige Männerschönheit zu würdigen wisse. Und da war in dem Riesenleib ein winziger Parasit mit dicken Schnurrbartspitzen, der lächelte die Freundin einigemal frech an, und sie lächelte kaum merklich zurück; ja, als er ausstieg, streifte er sogar versehentlich an sie und schien ihr dabei etwas zuzuflüstern, während er sich vor allen ritterlich entschuldigte. Unser Held kochte vor Wut; er hätte sich gerne auf denNebenbuhler gestürzt, aber so klein dieser neben dem Riesen Agoag ausgesehen hätte, so groß und breit erschien er darin. Da blieb unser Held sitzen und überhäufte nur später seine Freundin mit Vorwürfen. Aber, siehe, obgleich er sie in seine Anschauungen eingeweiht hatte, erwiderte sie nicht: Ich mache mir nichts aus starken Männern, ich bewundere Kraftomnibusse! sondern sie leugnete einfach.

Seit diesem geistigen Verrat, der auf die geringere Verstandeskühnheit der Frau zurückzuführen ist, schränkte unser Held seine Fahrten etwas ein, und wenn er sie antrat, so geschah es ohne weibliche Begleitung. Ihm ahnte ein wenig von der männlichen Schicksalswahrheit, die in dem Ausspruch liegt: Der Starke ist am mächtigsten allein!

Ein Mensch ohne Charakter

Man muß heute Charaktere wohl mit der Laterne suchen gehn; und wahrscheinlich macht man sich noch dazu lächerlich, wenn man bei Tag mit einem brennenden Licht umhergeht. Ich will also die Geschichte eines Mannes erzählen, der immer Schwierigkeiten mit seinem Charakter gehabt hat, ja, einfach gesagt, der überhaupt nie einen Charakter hatte; doch bin ich in Sorge, daß ich vielleicht bloß seine Bedeutung nicht rechtzeitig erfaßt habe und ob er nicht am Ende so etwas wie ein Pionier oder Vorläufer ist.

Wir waren Nachbarskinder. Wenn er irgendeine der Kleinigkeiten angestellt hatte, die so schön sind, daß man sie nicht gern erzählt, pflegte seine Mutter zu seufzen, denn die Prügel, die sie ihm gab, strengten sie an. "Junge", jammerte sie, "du hast nicht die Spur von Charakter; was mag aus dir noch werden!?" In schwereren Fällen wurde aber der Herr Vater zu Rate gezogen, und dann hatten die Prügel eine gewisse Feierlichkeit und eine ernste Würde, ungefähr wie ein Schulfest. Vor Beginn mußte mein Freund dem Herrn Oberrechnungsrat eigenhändig einen Rohrstab holen, der im Hauptberuf dem Ausklopfen der Kleider diente und von der Köchin verwahrt wurde; während nach Schluß der Sohn die Vaterhand zu küssen und, mit Dank für die Zurechtweisung, um Verzeihung für die Sorgen zu bitten hatte, die er seinen lieben Eltern verursachte. Mein Freund machte es umgekehrt. Er bettelte und heulte vor Beginn um Verzeihung, und setzte das von einem Schlag zum andern fort; wenn alles aber einmal vorbei war, brachte er kein Wort mehr hervor, war blaurot im Gesicht, schluckte Tränen und Speichel und suchte durch emsiges Reiben die Spuren seiner Empfindungen zu beseitigen. "Ich weiß nicht", – pflegte dann sein Vater zu sagen – "was aus dem Jungen noch werden soll; der Bengel hat absolut keinen Charakter!"

So war in unserer Jugend Charakter das, wofür man Prügel bekommt, obgleich man es nicht hat. Es schien eine gewisse Ungerechtigkeit darin zu stecken. Die Eltern meines Freundes behaupteten, wenn sie von ihm Charakter verlangten und ausnahmsweise einmal zu Erklärungen griffen, Charakter sei das begriffliche Gegenteil von schlechten Zeugnissen, geschwänzten Schulstunden, an Hundeschwänze gebundenen Blechtöpfen, Geschwätz und heimlichen Spielen während des Unterrichts, verstockten Ausreden, zerstreutem Gedächtnis und unschuldigen Vögeln, die ein gemeiner Schütze mit der Schleuder geschossen hat. Aber das natürliche Gegenteil von alledem waren doch schon die Schrecknisse der Strafe, die Angst vor Entdeckung und die Qualen des Gewissens, welche die Seele mit jener Reue peinigen, die man empfinden könnte, wenn die Sache schief ginge. Das war komplett; für einen Charakter ließ es keinen Platz und keine Tätigkeit übrig, er war vollkommen überflüssig. Dennoch verlangte man ihn von uns.

Vielleicht hätte es uns einen Anhaltspunkt bieten sollen, was zuweilen während der Strafen erläuternd zu meinem Freunde gesprochen wurde, wie: "Hast du denn gar keinen Stolz, Bube?!" – oder: "Wie kann man bloß so niederträchtig lügen?!" – Aber ich muß sagen, daß es mir auch heute noch schwer fällt, mir vorzustellen, daß einer stolz sein soll, wenn er eine Ohrfeige bekommt, oder wie er seinen Stolz zeigen soll, während er übers Knie gelegt wird. Wut könnte ich mir vorstellen; aber die sollten wir ja gerade nicht haben! Und ebenso verhält es sich mit dem Lügen; wie soll man denn lügen, wenn nicht niederträchtig? Etwa ungeschickt? Wenn ich darüber nachdenke, kommt es mir selbst heute noch so vor, als ob man damals am liebsten von uns Buben gefordert hätte, wir sollten aufrichtig lügen. Das war aber eine Art doppelter Anrechnung: erstens, du sollst nicht lügen; zweitens, wenn du jedoch schon lügst, dann lüge wenigstens nicht verlogen. Vielleicht müssen erwachsene Verbrecher so unterscheiden können, da man es ihnen in den Gerichtssälen immer als besondere Bosheit ankreidet, wenn sie ihre Verbrechen kaltblütig, vorsichtig und mit Überlegung begehen; aber von Buben war das entschieden zu viel verlangt. Ich fürchte, ich habe bloß deshalb keine so auffallenden Charaktermängel gezeigt wie mein Freund, weil ich nicht so sorgfältig erzogen wurde.

Am einleuchtendsten von allen elterlichen Aussprüchen, die sich mit unserem Charakter befaßten, waren noch die, welche sein bedauerliches Fehlen mit der Warnung in Zusammenhang brachten, daß wir ihn einst als Männer vonnöten haben werden. "Und ein solcher Junge will ein Mann werden!?" hieß es ungefähr. Sah man davon ab, daß die Sache mit dem Wollen nicht ganz klar war, so bewies das übrige wenigstens, daß Charakter etwas sei, das wir erst später brauchen sollten; wozu also dann jetzt schon die überhasteten Vorbereitungen? Dies wäre ganz das gewesen, was auch wir meinten.

Obzwar mein Freund also damals keinen Charakter besaß, so vermißte er ihn doch nicht. Das kam erst später und begann zwischen unserem sechzehnten und siebzehnten Jahr. Da fingen wir an, ins Theater zu gehen und Romane zu lesen. Von dem Gehirn meines Freundes, das die irreführenden

Verlockungen der Kunst lebhafter als das meine aufnahm, ergriffen der Intrigant der städtischen Theater, der zärtliche Vater, der heldische Liebhaber, die komische Person, ja sogar die teuflische Salonschlange und die bezaubernde Naive Besitz. Er redete nur noch in falschen Tönen, hatte aber plötzlich alles an Charakter in sich, was es auf der deutschen Bühne gibt. Wenn er etwas versprach, konnte man nie wissen, ob man sein Ehrenwort als Held oder als Intrigant besaß; es geschah, daß er heimtückisch begann und aufrichtig endete, wie auch umgekehrt; er empfing uns Freunde polternd, um uns plötzlich mit dem eleganten Lächeln des Bonvivants Platz und Schokoladebonbons anzubieten, oder umarmte uns väterlich und stahl dabei die Zigaretten aus unserer Tasche.

Doch war das harmlos und offen im Vergleich mit den Wirkungen des Romanelesens. In den Romanen finden sich die wundervollsten Verhaltungsweisen für unzählige Lebenslagen beschrieben. Der große Nachteil ist aber der, daß sich die Lebenslagen, in die man gerät, niemals ganz mit denen decken, für die in den Romanen vorgesehen ist, was man zu tun und zu sagen hat. Die Weltliteratur ist ein ungeheures Magazin, wo Millionen Seelen mit Edelmut, Zorn, Stolz, Liebe, Hohn, Eifersucht, Adel und Gemeinheit bekleidet werden. Wenn eine angebetete Frau unsere Gefühle mit Füßen tritt, so wissen wir, daß wir ihr einen strafend seelenvollen Blick zuzuwerfen haben; wenn ein Schurke eine Waise mißhandelt, so wissen wir, daß wir ihn mit einem Schlag zu Boden schmettern müssen. Aber was sollen wir tun, wenn die angebetete Frau unmittelbar, nachdem sie unsere Gefühle mit Füßen getreten hat, die Tür ihres Zimmers zuschlägt, so daß sie unser seelenvoller Blick nicht erreicht? Oder wenn zwischen dem Schurken, der die Waisen mißhandelt, und uns ein Tisch mit kostbaren Gläsern steht? Sollen wir die Tür einschlagen, um dann durch das Loch einen sanften Blick zu werfen; und sollen wir sorgfältig die teuren Gläser abräumen, ehe wir zum empörten Schlag ausholen? In solchen wirklich wichtigen Fällen läßt einen die Literatur immer im Stich; vielleicht wird es erst in einigen hundert Jahren, wenn noch mehr beschrieben ist, besser sein.

Einstweilen entsteht daraus aber jedesmal eine geradezu besonders unangenehme Lage für einen belesenen Charakter, wenn er sich in einer sogenannten Lebenslage befindet. Ein gutes Dutzend angefangener Sätze, halb erhobener Augenbrauen oder geballter Fäuste, zugekehrter Rücken und pochender Brüste, die alle nicht ganz zu dem Anlaß passen, und doch auch nicht unpassend wären, kochen in ihm; die Mundwinkel werden gleichzeitig hinauf- und hinabgezerrt, die Stirn finster gerunzelt und hell beglänzt, der Blick will sich zur gleichen Zeit strafend hervorstürzen und beschämt zurückziehen: und das ist sehr unangenehm, denn man tut sich sozusagen selbst gegenseitig weh. Als Ergebnis entsteht dann oft jenes bekannte Zucken und Schlucken, das sich über Lippen, Augen, Hände und Kehle ausdehnt, ja mitunter den ganzen Körper so heftig erfaßt, daß er sich wie eine Schraube windet, die ihre Mutter verloren hat.

Damals entdeckte mein Freund, wieviel bequemer es wäre, als einzigen Charakter seinen eigenen zu besitzen, und begann diesen zu suchen.

****

Aber er geriet in neue Abenteuer. Ich traf ihn nach Jahren wieder, als er den Beruf eines Rechtsanwalts ergriffen hatte. Er trug Brillen, rasierte sich den Bart und sprach mit leiser Stimme. – "Du siehst mich an?" – bemerkte er. Ich konnte es nicht leugnen, irgend etwas hieß mich, in seiner Erscheinung eine Antwort suchen. – "Sehe ich aus wie ein Rechtsanwalt?" fragte er. Ich wollte es nicht bestreiten. Er erklärte mir: "Rechtsanwälte haben eine ganz bestimmte Art, durch ihre Kneifergläser zu blicken, die anders ist als zum Beispiel die der Ärzte. Es läßt sich auch sagen, daß alle ihre Bewegungen und Worte spitzer oder zackiger sind als die rundlichen und knorrigen der Theologen. Sie unterscheiden sich von ihnen wie ein Feuilleton von einer Predigt, mit einem Wort, so wenig ein Fisch von Baum zu Baum fliegt, so sehr sind Rechtsanwälte in ein Medium eingetaucht, das sie niemals verlassen."

"Berufscharakter!" sagte ich. Mein Freund war mit mir zufrieden. "Es ist nicht so einfach gewesen", bemerkte er. "Als ich anfing, habe ich einen Christusbart getragen; aber mein Chef hat es mir verboten, weil es nicht zum Charakter eines Rechtsanwaltes paßt. Darauf habe ich mich wie ein Maler getragen, und als es mir verwehrt wurde, wie ein Seefahrer auf Urlaub." – "Um Gottes willen, warum?" fragte ich. "Weil ich mich natürlich dagegen wehren wollte, einen Berufscharakter anzunehmen" gab er zur Antwort. "Das Schlimme ist, daß man ihm nicht entgehen kann. Es gibt natürlich Rechtsanwälte, die wie Dichter aussehen, und ebenso Dichter, die wie Gemüseverkäufer aussehen, und Gemüseverkäufer, die Denkerköpfe besitzen. Sie alle haben aber etwas von einem Glasauge oder einem angeklebten Bart an sich oder von einer schlecht zugeheilten Wunde. Ich verstehe nicht warum, aber es ist doch so?" Er lächelte in seiner Art und fügte ergeben hinzu: "Wie du weißt, habe ich doch nicht einmal einen persönlichen Charakter ..."

Ich erinnerte ihn an die vielen Schauspielercharaktere. "Das war erst die Jugend!" ergänzte er es seufzend. "Wenn man ein Mann wird, bekommt man noch einen Geschlechts-, einen National-, einen Staats-, einen Klassen-, einen geographischen' Charakter dazu, man hat einen Charakter der Handschrift, der Handlinien, der Schädelform und womöglich noch einen, der aus der Konstellation der Gestirne im Augenblick der Geburt folgt. Mir ist das zu viel. Ich weiß nie, welchem meiner Charaktere ich recht geben soll." – Wieder kam sein stilles Lächeln zum Vorschein. "Zum Glück habe ich eine Braut, die von mir behauptet, daß ich überhaupt keinen Charakter besitze, weil ich mein Versprechen, sie zu heiraten, noch nicht eingehalten habe. Ich werde sie gerade deshalb heiraten, denn ihr gesundes Urteil ist mir unentbehrlich."

"Wer ist deine Braut?"

"Welchem Charakter nach? Aber, weißt du", unterbrach er das "sie weiß trotzdem immer, was sie will! Sie ist ursprünglich ein reizend hilfloses kleines Mädchen gewesen ich kenne sie schon lange – aber sie hat viel von mir gelernt. Wenn ich lüge, findet sie es entsetzlich; wenn ich morgens nicht rechtzeitig ins Bureau gehe, so behauptet sie, ich werde niemals eine Familie erhalten können; wenn ich mich nicht entschließen kann, eine Zusage einzuhalten, die ich gegeben habe, so weiß sie, daß das nur ein Schuft tut."

Mein Freund lächelte noch einmal. Er war damals ein liebenswürdiger Mensch, und jeder Mensch sah freundlich lächelnd auf ihn herab. Niemand nahm ernstlich an, daß er es zu etwas bringen werde. Schon an seiner äußeren Erscheinung fiel auf, daß, sobald er zu sprechen anfing, jedes Glied seines Körpers eine andere Lage einnahm; die Augen wichen zur Seite aus, Achsel, Arm und Hand bewegten sich nach entgegengesetzten Richtungen, und mindestens ein Bein federte im Kniewinkel wie eine Briefwaage. Wie gesagt, er war damals ein liebenswürdiger Mensch, bescheiden, schüchtern, ehrfürchtig; und manchmal war er auch das Gegenteil von all dem, aber man blieb ihm schon aus Neugierde gewogen.

****

Als ich ihn wiedersah, besaß er ein Auto, jene Frau, die nun sein Schatten war, und eine angesehene, einflußreiche Stellung. Wie er das angefangen hatte, weiß ich nicht; aber was ich vermute, ist, daß das ganze Geheimnis darin lag, daß er dick wurde. Sein eingeschüchtertes, bewegliches Gesicht war fort. Genauer gesehen, es war noch da, aber es lag unter einer dicken Hülle von Fleisch. Seine Augen, die einst, wenn er etwas angestellt hatte, so rührend sein konnten wie die eines traurigen Äffchens, hatten eigentlich ihren aus dem Innern kommenden Glanz nicht verloren; aber zwischen den hoch gepolsterten Wangen hatten sie jedesmal Mühe, wenn sie sich nach der Seite drehen wollten, und stierten darum mit einem hochmütig gequälten Ausdruck. Seine Bewegungen fuhren innerlich immer noch umher, aber außen, an den Beugen und Gelenken der Glieder, wurden sie von stoßdämpfenden Fettpolstern aufgefangen, und was herauskam, sah wie Kurzangebundenheit und entschlossene Sprache aus. So war nun auch der Mensch geworden. Sein irrlichternder Geist hatte feste Wände und dicke Überzeugungen bekommen. Manchmal blitzte noch etwas in ihm auf; aber es verbreitete keine Helligkeit mehr in dem Menschen, sondern war ein Schuß, den er abgab, um zu imponieren oder ein bestimmtes Ziel zu erreichen. Er hatte eigentlich viel gegen früher verloren. Von allem, was er äußerte, ging jetzt zwölf auf ein Dutzend, wenn das auch ein Dutzend guter, verläßlicher Ware war. Und seine Vergangenheit behandelte er so, wie man sich an eine Jugendtorheit erinnert.

Einmal gelang es mir, ihn auf unseren alten Gesprächsgegenstand, den Charakter, zurückzubringen. "Ich bin überzeugt, daß die Entwicklung des Charakters mit der Kriegsführung zusammenhängt", legte er mir in atemknapper Sprache dar "und daß er darum heute auf der ganzen Welt nur noch unter Halbwilden zu finden ist. Denn wer mit Messer und Speer kämpft, muß ihn haben, um nicht den kürzeren zu ziehen. Welcher noch so entschlossene Charakter hält aber gegen Panzerwagen, Flammenwerfer und Giftwolken stand!? Was wir darum heute brauchen, sind nicht Charaktere, sondern Disziplin!"

Ich hatte ihm nicht widersprochen. Aber das Sonderbare war, – und darum erlaube ich mir auch, diese Erinnerung niederzuschreiben – daß ich, während er so sprach und ich ihn ansah, immerdar das Empfinden hatte, der alte Mensch sei noch in ihm. Er stand in ihm, von der fleischigen größeren Wiederholung der ursprünglichen Gestalt eingeschlossen. Sein Blick stach im Blick des andern, sein Wort im Wort. Es war fast unheimlich. Ich habe ihn inzwischen noch einigemal wiedergesehen, und dieser Eindruck hat sich jedesmal wiederholt. Es war deutlich zu sehen, daß er, wenn ich so sagen darf, gerne einmal wieder ganz ans Fenster gekommen wäre; aber irgendetwas verhinderte ihn daran.

Eine Geschichte aus drei Jahrhunderten

1729

Als der Marquis von Epatant den Raubtieren vorgeworfen wurde – eine Geschichte, die leider in keiner einzigen Chronik des achtzehnten Jahrhunderts erwähnt wird – sah er sich plötzlich in eine so peinliche Lage versetzt, wie es ihm noch nie widerfahren war. Er hatte mit dem Leben abgeschlossen und ging lächelnd, mit einem Blick, der aus zwei matt geschliffenen Edelsteinen zu kommen schien, aber nichts mehr sah, dem Nichts entgegen. Doch es löste ihn dieses Nichts nicht ins Ewige auf, zog sich vielmehr sehr gegenwärtig zusammen; mit einem Wort, nicht das Nichts, sondern nichts ereignete sich, und als er sich seiner Augen wieder zum Sehen zu bedienen begann, gewahrte er ein großes Raubtier, das ihn unschlüssig betrachtete. Dies wäre dem Marquis, wie man annimmt, weiter nicht peinlich gewesen – er hatte Angst, wußte aber, wie man sie zu tragen habe – wenn er nicht im gleichen Augenblick inne geworden wäre, daß es ein weibliches Raubtier sei, das er vor sich habe. Strindberganschauungen gab es damals noch nicht; man lebte und starb in denen des achtzehnten Jahrhunderts, und Epatants natürlichste Regung war es, mit Anmut den Hut zu lüften und eine galante Verbeugung zu machen. Dabei sah er aber, daß die Handgelenke der ihn betrachtenden Dame beinahe so breit waren wie sein Oberschenkel, und die Zähne, die in dem lüstern und neugierig geöffneten Mund sichtbar geworden, gaben ihm ein Bild des Massakers, das ihm bevorstand. Diese Person vor ihm war furchteinflößend, schön, stärk, aber in Blick und Gestalt durchaus weiblich. Er fühlte sich durch die in allen Gliedern spielende Zärtlichkeit der Raubkatze unwillkürlich an die entzückende, stumme Beredsamkeit der Liebe erinnert. Er mußte sich nicht nur fürchten, sondern hatte zugleich auch den beschämenden Kampf zu ertragen, den diese Furcht mit dem Bedürfnis des Mannes führte, einem weiblichen Wesen unter allen Umständen Eindruck zu machen, die Frau in ihm einzuschüchtern und zu besiegen. Er sah sich statt dessen von seinem Gegner verwirrt und unterliegen. Die weibliche Bestie schüchterte ihn als Bestie ein, und das vollendet Weibliche, das jede ihrer Bewegungen ausatmete, mengte in die Preisgabe jedes Widerstandes das Wunder der Ohnmacht. Er, Marquis d'Epatant, war in den Zustand und die Rolle eines Weibchens gebracht worden, und dies in der letzten Minute seines Lebens! Er sah keine Möglichkeit, diesem boshaften ihm angetanen Schimpf zu entrinnen, verlor die Herrschaft über seine Sinne und wußte zu seinem Glück länger nicht mehr, was mit ihm geschah.

2197 vor unserer Zeitrechnung

Es soll nicht behauptet werden, daß die Jahreszahl richtig ist, aber wenn es den Staat der Amazonen wirklich gegeben hat, so müssen äußerst ernst zu nehmende Damen darin gewohnt haben. Denn hätten sie etwa nur einen etwas gewalttätigen Frauenrechtsverein dargestellt, so wären sie in der Geschichte höchstens zur Reputation der Abderiten oder Sancho Pansas gekommen und bis zum heutigen Tag ein Beispiel unweiblicher Komik geblieben. Statt dessen leben sie in heldenhaftem Andenken, und man darf daraus schließen, daß sie zu ihrer Zeit in einer überaus beachtenswerten Weise gebrannt, gemordet und geraubt haben. Mehr als ein indogermanischer Mann muß vor ihnen Angst gehabt haben, ehe sie es zu ihrem Ruf brachten. Mehr als ein Held wird vor ihnen davongelaufen sein. Mit einem Wort, sie müssen dem prähistorischen Mannesstolz nicht wenig zugesetzt haben, bis er endlich zur Entschuldigung von so viel Feigheit sagenhafte Geschöpfe aus ihnen gemacht hat: einem Gesetz folgend, wonach auch ein Sommerfrischler, der vor einer Kuh flüchtet, immer behaupten wird, daß es zumindest ein Ochse gewesen sei.

Wie aber, wenn es diesen Jungfrauenstaat niemals gegeben hat? Und das ist wohl schon darum wahrscheinlich, weil sich kaum denken läßt, daß es darin Divisions- und Regimentsstörche gab, die den männermordenden Jungfrauen die Rekruten brachten. Wovor haben sich dann die antiken Helden gefürchtet? War das Ganze nur ein wunderlich Gewalt antuender Traum? Unwillkürlich erinnert man sich daran, daß sie auch Göttinnen verehrt haben, von denen sie im Rausch der Anbetung zerrissen worden sind, und die Sphinx besuchten die kundigen Thebaner wie der Fliegerich die Spinne. Man muß sich schandenhalber wohl ein wenig darüber wundern, was für Spinnen- und Insektenträume diese Urväter unserer Gymnasialbildung kannten! Vorbildliche Sportsleute, die sich nicht viel aus Frauen machten, träumten sie von Frauen, vor denen sie sich fürchten konnten. Sollte am Ende Herr von Sacher-Masoch eine so lange Vorfahrenreihe gehabt haben? Es ist keineswegs anzunehmen. Denn wir mögen uns wohl gerne vorstellen, daß es früher dunkel gewesen ist, weil es dadurch jetzt umso heller ausschaut; aber daß an den Grundlagen des humanistischen Unterrichts etwas dermaßen in Unordnung sein sollte, vermögen wir nicht zu glauben. Sind sie scherzhaft gewesen, die alten Griechen? Oder haben sie in der Art aller Levantiner ungeheuerlich übertrieben? Oder liegt ihrer Ur-Perversität eine Ur-Harmlosigkeit zugrunde, die erst viel später die kranken Reiser getrieben hat?

Dunkel sind die Anfänge der Zivilisation.

1927

Was haben zwei Jahrhunderte "moderner Zeit" aus dieser Geschichte gemacht?

Ein Mann besiegt in offener Feldschlacht das Amazonenheer, und die Amazone verliebt sich in ihren Bezwinger. So ist es nun in Ordnung! Die Widerspenstigkeit wird gezähmt, sie läßt Schild und Speer fallen, und die Männer kichern geschmeichelt in der Runde. Das ist von der alten Sage übrig geblieben. Das Zeitalter des gebildeten Bürgers bewahrte von der wilden jungen Raubfrau, die darauf brennt, ihre Pfeilspitze hinter Mannesrippen zu landen, bloß das moralische Beispiel, wie sich unnatürliche Triebe wieder in natürliche verkehren; und außerdem höchstens noch kümmerliche Reste in den Theatern, Kinos und den Köpfen sechzehnjähriger Lebemänner, wo das dämonische Weib, die Salonschlange und der Vamp von fern an ihre männermordenden Vorgängerinnen erinnern.

Aber die Zeiten bleiben in Fluß. Es soll nicht von weiblichen Bureauvorstehern gesprochen werden, um die sich der männliche Untergebene rankt wie der bescheidene Efeu um die starke Eiche; es gibt Geschichten, die dem Mittelpunkt der männlichen Eitelkeit näher liegen, und eine solche ereignete sich, als vor einiger Zeit der berühmte Forscher Quantus Negatus einer Versammlung beiwohnte, wo die Opposition unter weiblicher Führung stand. Es war nicht gerade eine politische Versammlung, aber immerhin eine von jenen, wo der neue geistige Weltzug seinen Zusammenstoß mit dem alten hat. Quantus, als verdienstreicher Mann, saß bequem in den Polstern des alten. Er war nicht im geringsten gesonnen, sich um Weltanschauungen zu streiten, und begrüßte das Auftreten der Damen zunächst nur als eine Abwechslung. Während sie oben redeten, sah er unten ihre Füße in den Halbschuhen an. Aber plötzlich fesselte ihn eine Einzelheit: er hörte sie sagen, die Herren von der Mehrheit seien Esel. Sie sagten es in einer reizenderen Weise, und nicht gerade mit diesem Wort, immerhin aber ungefähr mit diesem Grad von Achtung. Und wenn die eine sich niedersetzte, stand ausgeruht die andere auf und wiederholte die Anklage in einer nur wenig anderen Weise. Auf ihren Stirnen bildeten sich vor Ärger und Anstrengung kleine lotrechte Falten; ihre Handbewegungen waren pädagogisch, wie wenn man Kindern auseinandersetzen muß, wie denkfaul sie seien; und die Sätze wurden sorgfältig vom Mund gegliedert, wie von einem geschulten Koch, der Fasanen zerlegt.

Der berühmte Forscher Negatus lächelte; er war kein Esel, er stand über der Situation, er durfte sich ihrem Reizvorurteilslos hingeben; bei der Abstimmung würde sich schon zeigen, was er für richtig halte. Zufällig warf er aber einen Blick zur Unzeit auf die anderen Herren der Mehrheit. Und es kam ihm mit einemmal vor, sie säßen alle bocksteif da wie die Weibchen, denen ein Mann den überwältigenden Zauber der Logik beibringen will, wogegen sie keine andere Waffe haben, als nach jedem neuen Schluß zu erwidern: ich will aber nicht! Da bemerkte er erst, daß es ihm auch nicht anders ergehe. Tändelnden Sinnes betrachtete er Beine und Fingerspitzen, Mundfalten und Körperwendungen, obzwar er währenddessen anhören mußte, daß sein Wille eingeschlafen und seine Intelligenz die eines dicken Bürgers sei, der sie nicht gern bewege. Und nun geschah das, was allerdings nicht immer geschieht, Quantus fühlte sich halb überzeugt. Wenn er an seinen Forscherruhm dachte, so kam er sich wie eine brave Hausfrau vor, die daheim mit Fläschchen und Töpfchen am Herd hantiert, während diese Damen auf schäumendem Roß durch die offene Welt sprengten. Gewiß, es gab eine Menge besonderer Dinge, über die wenig Menschen so gut Bescheid wußten wie er; aber was nützte ihm das in solchen allgemeinen Fragen, deren Unsicherheit einen – beinahe hätte er gesagt, einen ganzen Mann brauchte?! Schon fand er, daß die Einwände, die sein Verstand gegen den Unfug dieser jungen Frauen erhob, eigentlich ängstlich wären, und seine Gedanken folgten mit einer fast käthchenhaften Begeisterung den wilden Taten ihres Geistes.

Was ihn noch im Gleichgewicht hielt, war der Umstand, daß auf der Gegenseite auch Männer aufstanden, die zusammenhangloses Zeug redeten. Die Versammlung wurde dadurch manchmal recht bewegt, und keiner ließ den anderen ausreden. Quantus Negatus beobachtete, was seine Rednerinnen täten. In diesem wirren Männergeschrei schwiegen sie lächelnd, und es schien ihm, daß sie ein bittendes Zeichen gäben. Dann erhob sich jedesmal ein fett-kräftiger junger Mann mit großem Gesicht und dichtem Haarwuchs und entfaltete ein wahres Phänomen von Stimme, deren Zwischenrufe wenig Vernunft hatten, aber mit einem Satz zwanzig feindliche Stimmen über den Haufen fegten, so daß man in der zurückbleibenden Stille die unterbrochenen Rednerinnen auf einmal wieder hörte. – "Ah, ein Mann!" dachte Negatus zuerst geschmeichelt. Aber wie er sich das, in der Stimmung, worin er sich nun einmal befand, genauer überlegte, fand er, daß eine starke Stimme doch auch nur etwas Sinnliches sei, wie in seiner Jugendzeit ein langer Zopf oder eine üppige Brust. Er fühlte sich von diesen Gedanken, die auf einem ihm recht fremden Gebiet lagen, ermüdet. Er hatte nicht übel Lust, seine Partei im Stich zu lassen und sich aus der Versammlung zu schleichen. Dunkel Gymnasialerinnerungen bewegten ihn: die Amazonen? – "Verkehrte Welt!" dachte er. Aber dann dachte er auch: "Ganz eigentümlich ist es, sich einmal eine verkehrte Welt vorzustellen. Es bereitet eine gewisse Abwechslung." Er richtete an diesen Gedanken gleichsam seine Stacheln wieder auf; eine gewisse Kühnheit lag in ihnen, eine freimütige, männliche Neugierde. "Wie dunkel ist die Zukunft der Zivilisation!" dachte er. "Ich bin ein Mann, aber am Ende wird das nur noch etwas sehr Weibliches bedeuten, wenn nicht bald eine Zeit echter Männer wiederkommt!" Aber als die Abstimmung kam, stimmte er trotzdem für die Reaktion.

Die Opposition unterlag; die Versammlung war zu Ende. Quantus erwachte, und mit ritterlich beschwertem, schlechtem Gewissen suchte sein Blick den seiner ausdauernden Gegnerinnen. Aber diese legten soeben frischen Puder auf und hatten ihre kleinen silbernen Spiegel hervorgezogen. Mit der gleichen unbeirrbaren Sachlichkeit, wie sie vorhin mörderische Worte gesprochen hatten, taten sie nun das. Quantus staunte. Und seine letzte, doch noch recht befangene Überlegung im Hinausgehen war diese: "Warum machen sich bloß niedliche Männerköpfe ganz unnütze Gedanken?!"

Kindergeschichte

Herr Piff, Herr Paff und Herr Puff sind miteinander auf die Jagd gegangen. Und weil es Herbst war, wuchs nichts auf den Äckern; außer Erde, die der Pflug so aufgelockert hatte, daß die Stiefel hoch über die Schäfte davon braun wurden. Es war sehr viel Erde da, und so weit das Auge reichte, sah man stille braune Wellen; manchmal trug eine davon ein Steinkreuz auf ihrem Rücken oder einen Heiligen oder einen leeren Weg; es war sehr einsam.

Da gewahrten die Herren, als sie wieder in eine Mulde hinabstiegen, vor sich einen Hasen, und weil es das erste Tier war, das sie an diesem Tag antrafen, rissen alle drei ihre Schießrohre rasch an die Backe und drückten ab. Herr Piff zielte über seine rechte Stiefelspitze, Herr Puff über seine linke, und Herr Paff zwischen beiden Stiefeln geradeaus, denn der Hase saß ungefähr gleichweit von jedem und sah ihnen entgegen. Nun erhob sich ein fürchterlicher Donner von den drei Schüssen, die Schrotkörner prasselten in der Luft wie drei Hagelwolken gegeneinander, und der Boden staubte wild getroffen auf; aber als sich die Natur von diesem Schrecken erholt hatte, lag auch der Hase im Pfeffer und rührte sich nicht mehr. Bloß wußte jetzt keiner, wem er gehöre, weil alle drei geschossen hatten. Herr Piff hatte schon von weitem ausgerufen, wenn der Hase rechts getroffen sei, so gehöre er ihm, denn er habe von links geschossen; das Gleiche behauptete Herr Puff über die andere Hand; aber Herr Paff meinte, daß der Hase sich doch auch im letzten Augenblick umgedreht haben könne, was nur zu entscheiden wäre, wenn er den Schuß in der Brust oder im Rücken habe: dann aber, und somit unter allen Umständen, gehöre er ihm! Als sie nun hinkamen, zeigte sich jedoch, daß sie durchaus nicht herausfinden konnten, wo der Hase getroffen sei, und natürlich stritten sie jetzt erst recht um die Frage, wem er zukomme.

Da erhob sich der Hase höflich und sagte: "Meine Herren, wenn Sie sich nicht einigen können, will ich so frei sein und noch leben! Ich bin, wie ich sehe, bloß vor Schreck umgefallen."

Da waren Herr Piff und Herr Puff, wie man zu sagen pflegt, einen Augenblick ganz paff, und bei Herrn Paff versteht sich das eigentlich immer von selbst. Aber der Hase fuhr unbeirrt fort. Er machte große, hysterische Augen wahrscheinlich doch, weil ihn der Tod gestreift hatte – und begann, den Jägern ihre Zukunft vorauszusagen. "Ich kann Ihnen Ihr Ende prophezeien, meine Herren", sagte er "wenn Sie mich am Leben lassen! Sie, Herr Piff, werden schon in sieben Jahren und drei Monaten von der Sense des Todes in Gestalt der Hörner eines Stiers hingemäht werden; und der Herr Paff werden zwar sehr alt werden, aber ich sehe etwas äußerst Unangenehmes am Ende – etwas – ja, das läßt sich nicht so leicht sagen –"; er stockte und blickte Paff teilnahmsvoll an, dann brach er ab und sagte rasch: "Aber der Herr Puff wird an einem Pfirsichkern ersticken, das ist einfach."

Da wurden die Jäger bleich, und der Wind pfiff durch die Einöde.

Aber indes die Röhrenstiefel an ihren Beinen noch im Winde klapperten, luden ihre Finger schon von neuem das Gewehr, und sie sprachen: "Wie kannst Du wissen, was noch nicht geschehen ist, Du Lügner!"

"Der Stier, der mich in sieben Jahren aufspießen soll", sagte Herr Piff "ist heute doch noch gar nicht geboren; wie kann er spießen, wenn er vielleicht überhaupt nicht geboren wird?"

Und Herr Puff tröstete sich damit, daß er sagte: "Ich brauche bloß keine Pfirsiche mehr zu essen, so bist Du schon ein Betrüger!"

Herr Paff aber sagte nur: "Na, na!"

Der Hase erwiderte: "Das können die Herren halten, wie sie wollen; es wird Ihnen nichts nützen."

Da machten die Jäger Miene, den Hasen mit ihren Stiefelabsätzen tot zu treten, und schrien: "Du wirst uns nicht abergläubisch machen!!" – Aber in diesem Augenblick kam ein häßliches altes Weib vorbei, das einen Haufen Reisig am Rücken schleppte, und die Jäger mußten rasch dreimal ausspucken, damit ihnen der Anblick nicht schade.

Da wurde das Weib, das es bemerkt hatte, böse und schrie zurück: Bin a amol schön gwen!" Niemand hätte zu sagen vermocht, welche Mundart das sei; es klang aber geradezu wie der Dialekt der Hölle.

Diesen Augenblick benutzte der Hase, um zu entwischen.

Die Jäger donnerten aus ihren Büchsen hinter ihm drein, aber der Hase war nicht mehr zu sehen, und auch das alte Weib war verschwunden; man glaubte nur während der drei Schüsse ein unbändiges Hohngelächter gehört zu haben.

Da wischte sich Herr Paff den Schweiß von der Stirn und ihn fror.

Herr Piff sagte: "Gehen wir nach Hause."

Und Herr Puff kletterte schon den Abhang empor.

Als sie oben bei dem steinernen Kreuz angelangt waren, fühlten sie sich aber in seinem Schutze sicher und blieben wieder stehen.

"Wir haben uns selbst zum besten gehalten", sagte Herr Puff" – es war ein ganz gewöhnlicher Hase."

"Aber er hat gesprochen –" sagte Herr Paff.

"Das kann nur der Wind gewesen sein, oder das Blut war uns in der Kälte zu Ohren gestiegen" – belehrten ihn Herr Piff und Herr Puff.

Da flüsterte der liebe Gott am Steinkreuz: "Du sollst nicht töten ...!"

Die drei schraken von neuem ordentlich zusammen und gingen mindestens zwanzig Schritte dem steinernen Kreuz aus der Nähe; es ist aber auch zu arg, wenn man sich nicht einmal dort sicher fühlen kann! Und ehe sie noch etwas erwidern konnten, sahen sie sich mit großen Schritten nach Hause eilen. Erst als der Rauch ihrer Dächer sich über den Büschen kräuselte, die Dorfhunde bellten und Kinderstimmen durch die Luft zu schießen begannen wie die Schwalben, hatten sie ihre Beine wieder eingeholt, blieben auf ihnen stehn, und es wurde ihnen wohl und warm. "An irgendetwas muß schließlich jeder sterben" – meinte Herr Paff gelassen, der es bis dahin nach der Prophezeiung des Hasen am weitesten hatte; er wußte noch verdammt gut, weshalb er das sagte, doch plagte ihn jetzt mit einemmal ein Zweifel, ob wohl auch seine Gefährten davon wüßten, und er schämte sich, sie zu fragen.

Aber Herr Piff antwortete genau so: "Wenn ich nicht töten dürfte, dann dürfte ich doch auch nicht getötet werden? Ergo sage ich, da hat es einen grundsätzlichen Widerspruch!" Das mochte nun jeder beziehen, worauf er wollte; eine vernünftige Antwort war es nicht, und Herr Piff schmunzelte philosophisch, um zu verbergen, daß er brennend gern erfahren wollte, ob ihn die anderen trotzdem verstünden oder ob in seinem Kopf etwas nicht in Ordnung gewesen sei.

Herr Puff, der dritte, zertrat nachdenklich einen Wurm unter der Stiefelsohle und erwiderte: "Wir töten ja nicht nur die Tiere, sondern wir hegen sie auch und halten auf Ordnung im Feld."

Da wußte jeder, daß auch die andern wußten; und indes sich jeder heimlich noch daran erinnerte, begann das Erlebte schon zu zerrinnen wie ein Traum nach dem Erwachen, denn was drei gehört und gesehen haben, kann kein Geheimnis sein und also auch kein Wunder, sondern höchstens eine Täuschung. Und alle drei seufzten plötzlich: Gott sei Dank! Herr Pfiff seufzte es über seiner linken Stiefelspitze, Herr Puff über seiner rechten, denn beide schielten nach dem Gott im Feld zurück, dem sie heimlich dafür dankten, daß er ihnen nicht wirklich erschienen sei; Herr Paff aber, weil die beiden anderen wegsahen, konnte sich ganz zum Kreuz umdrehen, kniff sich in die Ohren und sagte: "Wir haben heute auf nüchternen Magen Branntwein getrunken; das sollte ein Jäger nie tun."

"So ist es!" sagten alle drei, sangen ein fröhliches Jägerlied, worinnen viel von Grün die Rede war, und warfen mit Steinen nach einer Katze, die verbotenerweise auf die Felder schlich, um Haseneier zu fangen; denn nun fürchteten sich die Jäger ja auch nicht mehr vor dem Hasen. Aber dieser letzte Teil der Geschichte ist nicht ganz so verbürgt wie das übrige, denn es gibt Leute, welche behaupten, daß die Hasen nur zu Ostern Eier legen.

IV. Die Amsel

Die beiden Männer, deren ich erwähnen muß – um drei kleine Geschichten zu erzählen, bei denen es darauf ankommt, wer sie berichtet – waren Jugendfreunde; nennen wir sie Aeins und Azwei. Denn im Grunde ist Jugendfreundschaft um so sonderbarer, je älter man wird. Man ändert sich im Laufe solcher Jahre vom Scheitel bis zur Sohle und von den Härchen der Haut bis ins Herz, aber das Verhältnis zu einander bleibt merkwürdigerweise das gleiche und ändert sich sowenig wie die Beziehungen, die jeder einzelne Mensch zu den verschiedenen Herren pflegt, die er der Reihe nach mit Ich anspricht. Es kommt ja nicht darauf an, ob man so empfindet wie der kleine Knabe mit dickem Kopf und blondem Haar, der einst photographiert worden ist; nein, man kann im Grunde nicht einmal sagen, daß man dieses kleine, alberne, ichige Scheusal gern hat. Und so ist man auch mit seinen besten Freunden weder einverstanden noch zufrieden; ja, viele Freunde mögen sich nicht einmal leiden. In gewissem Sinn sind das sogar die tiefsten und besten Freundschaften und enthalten das unbegreifliche Element ohne alle Beimengungen.

Die Jugend, welche die beiden Freunde Aeins und Azwei verband, war nichts weniger als eine religiöse gewesen. Sie waren zwar beide in einem Institut erzogen worden, wo man sich schmeichelte, den religiösen Grundsätzen gebührenden Nachdruck zu geben; aber seine Zöglinge setzten ihren ganzen Ehrgeiz darein, nichts davon zu halten. Die Kirche dieses Instituts zum Beispiel war eine schöne, richtige, große Kirche, mit einem steinernen Turm, und nur für den Gebrauch der Schule bestimmt. So konnten, da niemals ein Fremder eintrat, immer einzelne Gruppen der Schüler, indes der Rest, je nachdem es die heilige Sitte forderte, vorn in den Bänken bald kniete, bald aufstand, hinten bei den Beichtstühlen Karten spielen, auf der Orgeltreppe Zigaretten rauchen oder sich auf den Turm verziehen, der unter dem spitzen Dach wie einen Kerzenteller einen steinernen Balkon trug, auf dessen Geländer in schwindelnder Höhe Kunststücke ausgeführt wurden, die selbst weniger sündenbeladene Knaben den Hals kosten konnten.

Eine dieser Herausforderungen Gottes bestand darin, sich auf dem Turmgeländer, mit dem Blick nach unten, durch langsamen Druck der Muskeln in die Höhe zu heben und schwankend auf den Händen stehenzubleiben; jeder, der dieses Akrobatenkunststück zu ebener Erde ausgeführt hat, wird wissen, wieviel Selbstvertrauen, Kühnheit und Glück dazu gehören, es auf einem fußbreiten Steinstreifen in Turmhöhe zu wiederholen. Es muß auch gesagt werden, daß viele wilde und geschickte Burschen sich dessen nicht unterfingen, obgleich sie zu ebener Erde auf ihren Händen geradezu lustwandeln konnten. Zum Beispiel Aeins tat es nicht. Dagegen war Azwei, und das mag gut zu seiner Einführung als Erzähler dienen, in seiner Knabenzeit der Erfinder dieser Gesinnungsprobe gewesen. Es war schwer, einen Körper zu finden wie den seinen. Er trug nicht die Muskeln des Sports wie der Körper vieler, sondern schien einfach und mühelos von Natur aus Muskeln geflochten zu sein. Ein schmaler, ziemlich kleiner Kopf saß darauf, mit Augen, die in Samt gewickelte Blitze waren, und mit Zähnen, die es eher zuließen, an die Blankheit eines jagenden Tiers zu denken, als die Sanftmut der Mystik zu erwarten.

Später, in ihrer Studentenzeit, schwärmten die beiden Freunde für eine materialistische Lebenserklärung, die ohne Seele und Gott den Menschen als physiologische oder wirtschaftliche Maschine ansieht, was er ja vielleicht auch wirklich ist, worauf es ihnen aber gar nicht ankam, weil der Reiz solcher Philosophie nicht in ihrer Wahrheit liegt, sondern in ihrem dämonischen, pessimistischen, schaurig-intellektuellen Charakter. Damals war ihr Verhältnis zueinander bereits eine Jugendfreundschaft. Denn Azwei studierte Waldwirtschaft und sprach davon, als Forstingenieur weit fortzugehen, nach Rußland oder Asien, sobald seine Studien vollendet wären; während sein Freund, statt solcher jungenhaften, schon eine solidere Schwärmerei gewählt hatte und sich zu dieser Zeit eifrig in der aufstrebenden Arbeiterbewegung umtat. Als die dann kurz vor dem großen Krieg wieder zusammentrafen, hatte Azwei seine russischen Unternehmungen bereits hinter sich; er erzählte wenig von ihnen, war in den Bureaus irgendeiner großen Gesellschaft angestellt und schien beträchtliche Fehlschläge erlitten zu haben, wenn es ihm auch bürgerlich auskömmlich ging. Sein Jugendfreund aber war inzwischen aus einem Klassenkämpfer der Herausgeber einer Zeitung geworden, die viel vom sozialen Frieden schrieb und einem Börsenmann gehörte. Sie verachteten sich seither gegenseitig und untrennbar, verloren einander aber wieder aus den Augen; und als sie endlich für kurze Zeit abermals zusammengeführt wurden, erzählte Azwei das nun Folgende in der Art, wie man vor einem Freund einen Sack mit Erinnerungen ausschüttet, um mit der leeren Leinwand weiterzugehen. Es kam unter diesen Umständen wenig darauf an, was dieser erwiderte, und es kann ihre Unterredung fast wie ein Selbstgespräch erzählt werden. Wichtiger wäre es, wenn man genau zu beschreiben vermöchte, wie Azwei damals aussah, weil dieser unmittelbare Eindruck für die Bedeutung seiner Worte nicht ganz zu entbehren ist. Aber das ist schwer. Am ehesten könnte man sagen, er erinnerte an eine scharfe, nervige, schlanke Reitgerte, die, auf ihre weiche Spitze gestellt, an einer Wand lehnt; in so einer halb aufgerichteten und halb zusammengesunkenen Lage schien er sich wohl zu fühlen.

Zu den sonderbarsten Orten der Welt – sagte Azwei gehören jene Berliner Höfe, wo zwei, drei, oder vier Häuser einander den Hintern zeigen, Köchinnen sitzen mitten in den Wänden, in viereckigen Löchern, und singen. Man sieht es dem roten Kupfergeschirr auf den Borden an, wie laut es klappert. Tief unten grölt eine Männerstimme Scheltworte zu einem der Mädchen empor, oder es gehen schwere Holzschuhe auf dem klinkernden Pflaster hin und her. Langsam. Hart. Ruhelos. Sinnlos. Immer. Ist es so oder nicht?

Da hinaus und hinab sehen nun die Küchen und die Schlafzimmer; nahe beieinander liegen sie, wie Liebe und Verdauung am menschlichen Körper. Etagenweise sind die Ehebetten übereinander geschichtet; denn alle Schlafzimmer haben im Haus die gleiche Lage, und Fensterwand, Badezimmerwand, Schrankwand bestimmen den Platz des Bettes fast auf den halben Meter genau. Ebenso etagenweise türmen sich die Speisezimmer übereinander, das Bad mit den weißen Kacheln und der Balkon mit dem roten Lampenschirm. Liebe, Schlaf, Geburt, Verdauung, unerwartete Wiedersehen, sorgenvolle und gesellige Nächte liegen in diesen Häusern übereinander wie die Säulen der Brötchen in einem Automatenbüfett. Das persönliche Schicksal ist in solchen Mittelstandswohnungen schon vorgerichtet, wenn man einzieht. Du wirst zugeben, daß die menschliche Freiheit hauptsächlich darin liegt, wo und wann man etwas tut, denn was die Menschen tun, ist fast immer das gleiche: da hat es eine verdammte Bedeutung, wenn man auch noch den Grundriß von allem gleich macht. Ich bin einmal auf einen Schrank geklettert, nur um die Vertikale auszunutzen, und kann sagen, daß das unangenehme Gespräch, das ich zu führen hatte, von da ganz anders aussah.

Azwei lachte über seine Erinnerung und schenkte sich ein; Aeins dachte daran, daß sie auf einem Balkon mit einem roten Lampenschirm säßen, der zu seiner Wohnung gehörte, aber er schwieg, denn er wußte zu genau, was er hätte einwenden können.

Ich gebe übrigens noch heute zu, daß etwas Gewaltiges in dieser Regelmäßigkeit liegt – räumte Azwei von selbst ein –, und damals glaubte ich, in diesem Geist der Massenhaftigkeit und Öde etwas wie eine Wüste oder ein Meer zu sehen; ein Schlachthaus in Chikago, obgleich mir die Vorstellung den Magen umdreht, ist doch eine ganz andere Sache als ein Blumentöpfchen! Das Merkwürdige war aber, daß ich gerade in der Zeit, wo ich diese Wohnung besaß, ungewöhnlich oft an meine Eltern dachte. Du erinnerst dich, daß ich so gut wie jede Beziehung zu ihnen verloren hatte; aber da gab esnun mit einem Male in meinem Kopf den Satz: Sie haben dir das Leben geschenkt; und dieser komische Satz kehrte von Zeit zu Zeit wieder wie eine Fliege, die sich nicht verscheuchen läßt. Es ist über diese scheinheilige Redensart, die man uns in der Kindheit einprägt, weiter nichts zu bemerken. Aber wenn ich meine Wohnung betrachtete, sagte ich nun ebenso: Siehst du, jetzt hast du dein Leben gekauft; für soundsoviel Mark jährlicher Miete. Vielleicht sagte ich auch manchmal: Nun hast du ein Leben aus eigener Kraft geschaffen. Es lag so in der Mitte zwischen Warenhaus, Versicherung auf Ableben und Stolz. Und da erschien es mir doch überaus merkwürdig, ja geradezu als ein Geheimnis, daß es etwas gab, das mir geschenkt worden war, ob ich wollte oder nicht, und noch dazu das Grundlegende von allem übrigen. Ich glaube, dieser Satz barg einen Schatz von Unregelmäßigkeit und Unberechenbarkeit, den ich vergraben hatte. Und dann kam eben die Geschichte mit der Nachtigall.

Sie begann mit einem Abend wie viele andere. Ich war zu Hause geblieben und hatte mich, nachdem meine Frau zu Bett gegangen war, ins Herrenzimmer gesetzt; der einzige Unterschied von ähnlichen Abenden bestand vielleicht darin, daß ich kein Buch und nichts anrührte; aber auch das war schon vorgekommen. Nach ein Uhr fängt die Straße an ruhiger zu werden; Gespräche beginnen als Seltenheit zu wirken; es ist hübsch, mit dem Ohr dem Vorschreiten der Nacht zu folgen. Um zwei Uhr ist Lärmen und Lachen unten schon deutlich Trunkenheit und Späte. Mir wurde bewußt, daß ich auf etwas wartete, aber ich ahnte nicht, worauf. Gegen drei Uhr, es war im Mai, fing der Himmel an, lichter zu werden; ich tastete mich durch die dunkle Wohnung bis ans Schlafzimmer und legte mich geräuschlos nieder. Ich erwartete nun nichts mehr als den Schlaf und am nächsten Morgen einen Tag wie den abgelaufenen. Ich wußte bald nicht mehr, ob ich wachte oder schlief. Zwischen den Vorhängen und den Spalten der Rolläden quoll dunkles Grün auf, dünne Bänder weißen Morgenschaums schlangen sich hindurch. Es kann mein letzter wacher Eindruck gewesen sein oder ein ruhendes Traumgesicht. Da wurde ich durch etwas Näherkommendes erweckt; Töne kamen näher. Ein-, zweimal stellte ich das schlaftrunken fest. Dann saßen sie auf dem First des Nachbarhauses und sprangen dort in die Luft wie Delphine. Ich hätte auch sagen können, wie Leuchtkugeln beim Feuerwerk; denn der Eindruck von Leuchtkugeln blieb;

im Herabfallen zerplatzten sie sanft an den Fensterscheiben und sanken wie große Silbersterne in die Tiefe. Ich empfand jetzt einen zauberhaften Zustand; ich lag in meinem Bett wie eine Figur auf ihrer Grabplatte und wachte, aber ich wachte anders als bei Tage. Es ist sehr schwer zu beschreiben, aber wenn ich daran denke, ist mir, als ob mich etwas umgestülpt hätte; ich war keine Plastik mehr, sondern etwas Eingesenktes. Und das Zimmer war nicht hohl, sondern bestand aus einem Stoff, den es unter den Stoffen des Tages nicht gibt, einem schwarz durchsichtigen und schwarz zu durchfühlenden Stoff, aus dem auch ich bestand. Die Zeit rann in fieberkleinen schnellen Pulsschlägen. Weshalb sollte nicht jetzt geschehen, was sonst nie geschieht? – Es ist eine Nachtigall, was da singt! – sagte ich mir halblaut vor.

Nun gibt es ja in Berlin vielleicht mehr Nachtigallen, – fuhr Azwei fort – als ich dachte. Ich glaubte damals, es gäbe in diesem steinernen Gebirge keine, und diese sei weither zu mir geflogen. Zu mir!! – fühlte ich und richtete mich lächelnd auf. – Ein Himmelsvogel! Das gibt es also wirklich! – In einem solchen Augenblick, siehst du, ist man auf die natürlichste Weise bereit, an das Übernatürliche zu glauben; es ist, als ob man seine Kindheit in einer Zauberwelt verbracht hätte. Ich dachte unverzüglich: Ich werde der Nachtigall folgen. Leb wohl, Geliebte! – dachte ich – Lebt wohl, Geliebte, Haus, Stadt …! Aber ehe ich noch von meinem Lager gestiegen war, und ehe ich mir klar gemacht hatte, ob ich denn zu der Nachtigall auf die Dächer steigen oder ob ich ihr unten in den Straßen folgen wolle, war der Vogel verstummt und offenbar weitergeflogen.

Nun sang er auf einem andern Dach für einen andern Schlafenden. – Azwei dachte nach. – Du wirst annehmen, daß die Geschichte damit zu Ende ist? – Erst jetzt fing sie an, und ich weiß nicht, welches Ende sie finden soll!

Ich war verwaist und von schwerem Mißmut bedrückt zurückgeblieben. Es war gar keine Nachtigall, es war eine Amsel, sagte ich mir, genau so, wie du es sagen möchtest. Solche Amseln machen, das weiß man, andere Vögel nach. Ich war nun völlig wach, und die Stille langweilte mich. Ich zündete eine Kerze an und betrachtete die Frau, die neben mir lag. Ihr Körper sah blaß ziegelfarben aus. Über der Haut lag der weiße Rand der Bettdecke wie ein Schneestreifen. Breite Schattenlinien krümmten sich um den Körper, deren Herkunft nicht recht zu begreifen war, obgleich sie natürlich mit der Kerze und der Haltung meines Arms zusammenhängen mußten. – Was tut es, – dachte ich dabei – wenn es wirklich nur eine Amsel war! Oh, im Gegenteil; gerade daß es bloß eine ganz gewöhnliche Amsel gewesen ist, was mich so verrückt machen konnte: das bedeutet noch viel mehr! Du weißt doch, man weint nur bei einer einfachen Enttäuschung, bei einer doppelten bringt man schon wieder ein Lächeln zuwege. Und ich sah dazwischen immer wieder meine Frau an. Das alles hing ganz von selbst zusammen, aber ich weiß nicht wie. Seit Jahren habe ich dich geliebt dachte ich – wie nichts auf dieser Welt, und nun liegst du da wie eine ausgebrannte Hülse der Liebe. Nun bist du mir ganz fremd geworden, nun bin ich herausgekommen am anderen Ende der Liebe. War das Überdruß? Ich erinnere mich nicht, je Überdruß empfunden zu haben. Und ich schildere es dir so, als ob ein Gefühl ein Herz durchbohren könnte wie einen Berg, auf dessen anderer Seite eine andere Welt mit dem gleichen Tal, den gleichen Häusern und kleinen Brücken liegt. Aber ich wußte ganz einfach nicht, was es war. Ich weiß das auch heute nicht. Vielleicht habe ich unrecht, dir diese Geschichte im Zusammenhang mit zwei anderen zu erzählen, die darauf gefolgt sind. Ich kann dir nur sagen, wofür ich es hielt, als ich es erlebte: Es hatte mich von irgendwo ein Signal getroffen – das war mein Eindruck davon.

Ich legte meinen Kopf neben ihren Körper, die ahnungslos und ohne Teilnahme schlief. Da schien sich ihre Brust in Übermaßen zu heben und zu senken, und die Wände des Zimmers tauchten an diesem schlafenden Leib auf und ab wie hohe See um ein Schiff, das schon weit im Fahren ist. Ich hätte es wahrscheinlich nie über mich gebracht, Abschied zu nehmen; aber wenn ich mich jetzt fortstehle, kam mir vor, bleibe ich das kleine verlassene Boot in der Einsamkeit, und ein großes, sicheres Schiff ist achtlos über mich hinausgefahren. Ich küßte die Schlafende, sie fühlte es nicht. Ich flüsterte ihr etwas ins Ohr, und vielleicht tat ich es so vorsichtig, daß sie es nicht hörte. Da machte ich mich über mich lustig und spottete über die Nachtigall; aber ich zog mich heimlich an. Ich glaube, daß ich geschluchzt habe, aber ich ging wirklich fort. Mir war taumelnd leicht, obgleich ich mir zu sagen versuchte, daß kein anständiger Mensch so handeln dürfe; ich erinnere mich, ich war wie ein Betrunkener, der mit der Straße schilt, auf der er geht, um sich seiner Nüchternheit zu versichern.

Ich habe natürlich oft daran gedacht zurückzukehren; manchmal hätte ich durch die halbe Welt zurückkehren mögen; aber ich habe es nicht getan. Sie war unberührbar für mich geworden; kurz gesagt; ich weiß nicht, ob du mich verstehst: Wer ein Unrecht sehr tief empfindet, der ändert es nicht mehr. Ich will übrigens nicht deine Lossprechung. Ich will dir meine Geschichten erzählen, um zu erfahren, ob sie wahr sind; ich habe mich jahrelang mit keinem Menschen aussprechen können, und wenn ich mich darüber laut mit mir selbst sprechen hörte, wäre ich mir, offen gestanden, unheimlich.

****

Halte also daran fest, daß meine Vernunft deiner Aufgeklärtheit nichts nachgeben will.

Aber zwei Jahre später befand ich mich in einem Sack, dem toten Winkel einer Kampflinie in Südtirol, die sich von den blutigen Gräben der Cima di Vezzena an den Caldonazzo-See zurückbog. Dort lief sie tief im Tal wie eine sonnige Welle über zwei Hügel mit schönen Namen und stieg auf der andern Seite des Tals wieder empor, um sich in einem stillen Gebirge zu verlieren. Es war im Oktober; die schwach besetzten Kampfgräben versanken in Laub, der See brannte lautlos in Blau, die Hügel lagen wie große welke Kränze da; wie Grabkränze, dachte ich oft, ohne mich vor ihnen zu fürchten. Zögernd und verteilt floß das Tal um sie; aber jenseits des Striches, den wir besetzt hielten, entfloh es solcher süßen Zerstreutheit und fuhr wie ein Posaunenstoß, braun, breit und heroisch, in die feindliche Weite.

In der Nacht bezogen wir mitten darin eine vorgeschobene Stellung. Sie lag so offen im Tal, daß man uns von oben mit Steinwürfen erschlagen konnte; aber man röstete uns bloß an langsamem Artilleriefeuer. Immerhin, am Morgen nach so einer Nacht hatten alle einen sonderbaren Ausdruck, der sich erst nach einigen Stunden verlor: die Augen waren vergrößert, und die Köpfe auf den vielen Schultern richteten sich unregelmäßig auf wie ein niedergetretener Rasen. Trotzdem habe ich in jeder solchen Nacht oftmals den Kopf über den Grabenrand gehoben und ihn vorsichtig über die Schulter zurückgedreht wie ein Verliebter: da sah ich dann die Brentagruppe hell himmelblau, wie aus Glas steif gefältelt, in der Nacht stehen. Und gerade in diesen Nächten waren die Sterne groß und wie aus Goldpapier gestanzt und flimmerten fett wie aus Teig gebacken, und der Himmel war noch in der Nacht blau, und die dünne, mädchenhafte Mondsichel, ganz silbern oder ganz golden, lag auf dem Rücken mitten darin und schwamm in Entzücken. Du mußt trachten, dir vorzustellen, wie schön das war; so schön ist nichts im gesicherten Leben. Dann hielt ich es manchmal nicht aus und kroch vor Glück und Sehnsucht in der Nacht spazieren; bis zu den goldgrünen schwarzen Bäumen, zwischen denen ich mich aufrichtete wie eine kleine braungrüne Feder im Gefieder des ruhig sitzenden, scharfschnäbeligen Vogels Tod, der so zauberisch bunt und schwarz ist, wie du es nicht gesehen hast.

Tagsüber, in der Hauptstellung; konnte man dagegen geradezu spazierenreiten. Auf solchen Plätzen, so man Zeit zum Nachdenken wie zum Erschrecken hat, lernt man die Gefahr erst kennen. Jeden Tag holt sie sich ihre Opfer, einen festen Wochendurchschnitt, soundsoviel vom Hundert, und schon die Generalstabsoffiziere der Division rechnen so unpersönlich damit wie eine Versicherungsgesellschaft. Übrigens man selbst auch. Man kennt instinktiv seine Chance und fühlt sich versichert, wenn auch nicht gerade unter günstigen Bedingungen. Das ist jene merkwürdige Ruhe, die man empfindet, wenn man dauernd im Feuerbereich lebt. Das muß ich vorausschicken, damit du dir nicht falsche Vorstellungen von meinem Zustand machst. Freilich kommt es vor, daß man sich plötzlich getrieben fühlt, nach einem bestimmten bekannten Gesicht zu suchen, das man noch vor einigen Tagen gesehen hat; aber es ist nicht mehr da. So ein Gesicht kann dann mehr erschüttern, als vernünftig ist, und lang in der Luft hängen wie ein Kerzenschimmer. Man hat also weniger Todesfurcht als sonst, aber ist allerhand Erregungen zugänglicher. Es ist so, als ob die Angst vor dem Ende, die offenbar immer wie ein Stein auf dem Menschen liegt, weggewälzt worden wäre, und nun blüht in der unbestimmten Nähe des Todes eine sonderbare innere Freiheit.

Über unsere ruhige Stellung kam einmal mitten in der Zeit ein feindlicher Flieger. Das geschah nicht oft, weil das Gebirge mit seinen schmalen Luftrinnen zwischen befestigten Kuppen hoch überflogen werden mußte. Wir standen gerade auf einem der Grabkränze, und im Nu war der Himmel mit den weißen Schrapnellwölkchen der Batterien betupft wie von einer behenden Puderquaste. Das sah lustig aus und fast lieblich. Dazu schien die Sonne durch die dreifarbigen Tragflächen des Flugzeugs, gerade als es hoch über unseren Köpfen fuhr, wie durch ein Kirchenfenster oder buntes Seidenpapier, und es hätte zu diesem Augenblick nur noch einer Musik von Mozart bedurft. Mir ging zwar der Gedanke durch den Kopf, daß wir wie eine Gruppe von Rennbesuchern beisammenstanden und ein gutes Ziel abgaben. Auch sagte einer von uns: Ihr solltet euch lieber decken! Aber es hatte offenbar keiner Lust, wie eine Feldmaus in ein Erdloch zu fahren. In diesem Augenblick hörte ich ein leises Klingen, das sich meinem hingerissen emporstarrenden Gesicht näherte. Natürlich kann es auch umgekehrt zugegangen sein, so daß ich zuerst das Klingen hörte und dann erst das Nahen einer Gefahr begriff; aber im gleichen Augenblick wußte ich auch schon: es ist ein Fliegerpfeil! Das waren spitze Eisenstäbe, nicht dicker als ein Zimmermannsblei, welche damals die Flugzeuge aus der Höhe abwarfen; und trafen sie den Schädel, so kamen sie wohl erst bei den Fußsohlen wieder heraus, aber sie trafen eben nicht oft, und man hat sie bald wieder aufgegeben. Darum war das mein erster Fliegerpfeil; aber Bomben und Maschinengewehrschüsse hört man ganz anders, und ich wußte sofort, womit ich es zu tun hätte. Ich war gespannt, und im nächsten Augenblick hatte ich auch schon das sonderbare, nicht im Wahrscheinlichen begründete Empfinden: er trifft!

Und weißt du, wie das war? Nicht wie eine schreckende Ahnung, sondern wie ein noch nie erwartetes Glück! Ich wunderte mich zuerst darüber, daß bloß ich das Klingen hören sollte, dann dachte ich, daß der Laut wieder verschwinden werde. Aber er verschwand nicht. Er näherte sich mir, wenn auch sehr fern, und wurde perspektivisch größer. Ich sah vorsichtig die Gesichter an, aber niemand nahm ihn wahr. Und in diesem Augenblick, wo ich inne wurde, daß ich allein diesen feinen Gesang hörte, stieg ihm etwas aus mir entgegen: ein Lebensstrahl; ebenso unendlich wie der von oben kommende des Todes. Ich erfinde das nicht, ich suche es so einfach wie möglich zu beschreiben; ich habe die Überzeugung, daß ich mich physikalisch nüchtern ausgedrückt habe; freilich weiß ich, daß das bis zu einem Grad wie im Traum ist, wo man ganz klar zu sprechen wähnt, während die Worte außen wirr sind.

Das dauerte eine lange Zeit, während derer nur ich das Geschehen näher kommen hörte. Es war ein dünner, singender, einfacher hoher Laut, wie wenn der Rand eines Glases zum Tönen gebracht wird; aber es war etwas Unwirkliches daran; das hast du noch nie gehört, sagte ich mir. Und dieser Laut war auf mich gerichtet; ich war in Verbindung mit diesem Laut und zweifelte nicht im geringsten daran, daß etwas Entscheidendes mit mir vor sich gehen wolle. Kein einziger Gedanke in mir war von der Art, die sich in den Augenblicken des Lebensabschiedes einstellen soll, sondern alles, was ich empfand, war in die Zukunft gerichtet; und ich muß einfach sagen, ich war sicher, in der nächsten Minute Gottes Nähe in der Nähe meines Körpers zu fühlen. Das ist immerhin nicht wenig bei einem Menschen, der seit seinem achten Jahr nicht an Gott geglaubt hat.

Inzwischen war der Laut von oben körperlicher geworden, er schwoll an und drohte. Ich hatte mich einigemal gefragt, ob ich warnen solle; aber mochte ich oder ein anderer getroffen werden, ich wollte es nicht tun! Vielleicht steckte eine verdammte Eitelkeit in dieser Einbildung, daß da, hoch oben über einem Kampffeld, eine Stimme für mich singe. Vielleicht ist Gott überhaupt nichts, als daß wir armen Schnorrer in der Enge unseres Daseins uns eitel brüsten, einen reichen Verwandten im Himmel zu haben. Ich weiß es nicht. Aber ohne Zweifel hatte nun die Luft auch für die anderen zu klingen begonnen; ich bemerkte, daß Flecken von Unruhe über ihre

Gesichter huschten, und siehst du – auch keiner von ihnen ließ sich ein Wort entschlüpfen! Ich sah noch einmal diese Gesichter an: Burschen, denen nichts ferner lag als solche Gedanken, standen, ohne es zu wissen, wie eine Gruppe von Jüngern da, die eine Botschaft erwarten. Und plötzlich war das Singen zu einem irdischen Ton geworden, zehn Fuß, hundert Fuß über uns, und erstarb. Er, es war da. Mitten zwischen uns, aber mir zunächst, war etwas verstummt und von der Erde verschluckt worden, war zu einer unwirklichen Lautlosigkeit zerplatzt. Mein Herz schlug breit und ruhig; ich kann auch nicht den Bruchteil einer Sekunde erschrocken gewesen sein; es fehlte nicht das kleinste Zeitteilchen in meinem Leben. Aber das erste, was ich wieder wahrnahm, war, daß mich alle ansahen. Ich stand am gleichen Fleck, mein Leib aber war wild zur Seite gerissen worden und hatte eine tiefe, halbkreisförmige Verbeugung ausgeführt. Ich fühlte, daß ich aus einem Rausch erwache, und wußte nicht, wie lange ich fort gewesen war. Niemand sprach mich an; endlich sagte einer: ein Fliegerpfeil! und alle wollten ihn suchen, aber er stak metertief in der Erde. In diesem Augenblick überströmte mich ein heißes Dankgefühl, und ich glaube, daß ich am ganzen Körper errötete. Wenn einer da gesagt hätte, Gott sei in meinen Leib gefahren, ich hätte nicht gelacht. Ich hätte es aber auch nicht geglaubt. Nicht einmal, daß ich einen Splitter von ihm davontrug, hätte ich geglaubt. Und trotzdem, jedesmal, wenn ich mich daran erinnere, möchte ich etwas von dieser Art noch einmal deutlicher erleben!

Ich habe es übrigens noch einmal erlebt, aber nicht deutlicher – begann Azwei seine letzte Geschichte. Er schien unsicherer geworden zu sein, aber man konnte ihm anmerken, daß er gerade deshalb darauf brannte, sich diese Geschichte erzählen zu hören.

Sie handelte von seiner Mutter, die nicht viel von Azweis Liebe besessen hatte; aber er behauptete, das sei nicht so gewesen. – Wir haben oberflächlich schlecht zu einander gepaßt, – sagte er – und das ist schließlich nur natürlich, wenn eine alte Frau seit Jahrzehnten in der gleichen Kleinstadt lebt, und ein Sohn es nach ihren Begriffen in der weiten Welt zu nichts gebracht hat. Sie machte mich so unruhig wie das Beisammensein mit einem Spiegel, der das Bild unmerklich in die Breite zieht; und ich kränkte sie, indem ich jahrelang nicht nach Hause kam. Aber sie schrieb mir alle Monate einen besorgten Brief mit vielen Fragen, und wenn ich den auch gewöhnlich nicht beantwortete, so war doch etwas sehr Sonderbares dabei, und ich hing trotz allem tief mit ihr zusammen, wie sich schließlich gezeigt hat.

Vielleicht hatte sich ihr vor Jahrzehnten das Bild eines kleinen Knaben leidenschaftlich eingeprägt, in den sie weiß Gott welche Hoffnungen gesetzt haben mochte, die durch nichts ausgelöscht werden konnten; und da ich dieser längst verschwundene Knabe war, hing ihre Liebe an mir, wie wenn alle seither untergegangenen Sonnen noch irgendwo zwischen Licht und Finsternis schwebten. Da hättest du wieder diese geheimnisvolle Eitelkeit, die keine ist. Denn ich kann wohl sagen, ich verweile nicht gern bei mir, und was so viele Menschen tun, daß sie sich behaglich Photographien ansehen, die sie in früheren Zeiten darstellen, oder sich gern erinnern, was sie da und dann getan haben, dieses Ich-Sparkassen-System ist mir völlig unbegreiflich. Ich bin weder besonders launenhaft, noch lebe ich nur für den Augenblick; aber wenn etwas vorbei ist, dann bin ich auch an mir vorbei, und wenn ich mich in einer Straße erinnere, ehemals oft diesen Weg gegangen zu sein, oder wenn ich mein früheres Haus sehe, so empfinde ich ohne alle Gedanken einfach wie einen Schmerz eine heftige Abneigung gegen mich, als ob ich an eine Schändlichkeit erinnert würde. Das Gewesene entfließt, wenn man sich ändert; und mir scheint, wie immer man sich ändere, man täte es ja nicht, wenn der, den man verläßt, gar so einwandfrei wäre. Aber gerade weil ich gewöhnlich so fühle, war es wunderbar, als ich bemerkte, daß da ein Mensch, solang ich lebe, ein Bild von mir festgehalten hat; wahrscheinlich ein Bild, dem ichnie entsprach, das jedoch in gewissem Sinn mein Schöpfungsbefehl und meine Urkunde war. Verstehst du mich, wenn ich sage, daß meine Mutter in diesem bildlichen Sinn eine Löwennatur war, in das wirkliche Dasein einer mannigfach beschränkten Frau gebannt? Sie war nicht klug nach unseren Begriffen, sie konnte von nichts absehen und nichts weit herholen; sie war, wenn ich mich an meine Kindheit erinnere, auch nicht gut zu nennen, denn sie war heftig und von ihren Nerven abhängig; und du magst dir vorstellen, was aus der Verbindung von Leidenschaft mit engen Gesichtsgrenzen manchmal hervorgeht: Aber ich möchte behaupten, daß es eine Größe, einen Charakter gibt, die sich mit der Verkörperung, in der sich ein Mensch für unsere gewöhnliche Erfahrung darstellt, heute noch so unbegreiflich vereinen, wie in den Märchenzeiten Götter die Gestalt von Schlangen und Fischen angenommen haben.

Ich bin sehr bald nach der Geschichte mit dem Fliegerpfeil bei einem Gefecht in Rußland in Gefangenschaft geraten, machte später dort die große Umwandlung mit und kehrte nicht so rasch zurück, denn das neue Leben hat mir lange Zeit gefallen. Ich bewundere es heute noch; aber eines Tages entdeckte ich, daß ich einige für unentbehrlich geltende Glaubenssätze nicht mehr aussprechen konnte, ohne zu gähnen, und entzog mich der damit verbundenen Lebensgefahr, indem ich mich nach Deutschland rettete, wo der Individualismus gerade in der Inflationsblüte stand. Ich machte allerhand zweifelhafte Geschäfte, teils aus Not, teils nur aus Freude darüber, wieder in einem alten Land zu sein, wo man Unrecht tun kann, ohne sich schämen zu müssen. Es ist mir dabei nicht sehr gut gegangen, und manchmal war ich sogar ungemein übel daran. Auch meinen Eltern ging es nicht gerade gut. Da schrieb mir meine Mutter einigemal: Wir können dir nicht helfen; aber wenn ich dir mit dem wenigen helfen könnte, was du einst erben wirst, möchte ich mir zu sterben wünschen. Das schrieb sie, obgleich ich sie seit Jahren nicht besucht, noch ihr irgendein Zeichen der Neigung gegeben hatte. Ich muß gestehen, daß ich es für eine etwas übertriebene Redensart gehalten habe, der ich keine Bedeutung beimaß, wenn ich auch an der Echtheit des Gefühls, das sich sentimental ausdrückte, nicht zweifelte. Aber nun geschah eben das durchaus Sonderbare: meine Mutter erkrankte wirklich, und man könnte glauben, daß sie dann auch meinen Vater, der ihr sehr ergeben war, mitgenommen hat.

Azwei überlegte. – Sie starb an einer Krankheit, die sie in sich getragen haben mußte, ohne daß ein Mensch es ahnte. Man könnte dem Zusammentreffen vielerlei natürliche Erklärungen geben, und ich fürchte, du wirst es mir verübeln, wenn ich es nicht tue. Aber das Merkwürdige waren wieder die Nebenumstände. Sie wollte keineswegs sterben; ich weiß, daß sie sich gegen den frühen Tod gewehrt und heftig geklagt hat. Ihr Lebenswille, ihre Entschlüsse und Wünsche waren gegen das Ereignis gerichtet. Man kann auch nicht sagen, daß sich gegen ihren Augenblickswillen eine Charakterentscheidung vollzog; denn sonst hätte sie ja schon früher an Selbstmord oder freiwillige Armut denken können, was sie nicht im geringsten getan hat. Sie war selbst ganz und gar ein Opfer. Aber hast du nie bemerkt, daß dein Körper auch noch einen anderen Willen hat als den deinen? Ich glaube, daß alles, was uns als Wille oder als unsere Gefühle, Empfindungen und Gedanken vorkommt und scheinbar die Herrschaft über uns hat, das nur im Namen einer begrenzten Vollmacht darf, und daß es in schweren Krankheiten und Genesungen, in unsicheren Kämpfen und an allen Wendepunkten des Schicksals eine Art Urentscheidung des ganzen Körpers gibt, bei der die letzte Macht und Wahrheit ist. Aber möge dem sein wie immer; sicher war es, daß ich von der Erkrankung meiner Mutter sofort den Eindruck von etwas ganz und gar Freiwilligem hatte; und wenn du alles für Einbildung hieltest, so bliebe es bestehen, daß ich in dem Augenblick, wo ich die Nachricht von der Erkrankung meiner Mutter erhielt, obgleich gar kein Grund zur Besorgnis darin lag, in einer auffallenden Weise und völlig verändert worden bin: eine Härte, die mich umgeben hatte, schmolz augenblicklich weg, und ich kann nicht mehr sagen, als daß der Zustand, in dem ich mich von da an befand, viel Ähnlichkeit mit dem Erwachen in jener Nacht hatte, wo ich mein Haus verließ, und mit der Erwartung des singenden Pfeils aus der Höhe. Ich wollte gleich zu meiner Mutter reisen, aber sie hielt mich mit allerhand Vorwänden fern. Zuerst hieß es, sie freue sich, mich zu sehen, aber ich möge die bedeutungslose Erkrankung abwarten, damit sie mich gesund empfange; später ließ sie mir mitteilen, mein Besuch könnte sie im Augenblick zu sehr aufregen; zuletzt, als ich drängte: die entscheidende Wendung zum Guten stünde bevor, und ich möge mich nur noch etwas gedulden. Es sieht so aus, als ob sie gefürchtet hätte, durch ein Wiedersehen unsicher gemacht zu werden; und dann entschied sich alles so rasch, daß ich gerade noch zum Begräbnis zurecht kam.

Ich fand auch meinen Vater krank vor, und wie ich dir sagte, ich konnte ihm bald nur noch sterben helfen. Er war früher ein guter Mann gewesen, aber in diesen Wochen war er wunderlich eigensinnig und voll Launen, als ob er mir vieles nachtrüge und sich durch meine Anwesenheit geärgert fühlte. Nach seinem Begräbnis mußte ich den Haushalt auflösen, und das dauerte auch einige Wochen; ich hatte keine Eile. Die Leute aus der kleinen Stadt kamen hie und da zu mir aus alter Gewohnheit und erzählten mir, auf welchem Platz im Wohnzimmer mein Vater gesessen habe und wo meine Mutter und wo sie. Sie sahen sich alles genau an und erboten sich, mir dieses oder jenes Stück abzukaufen. Sie sind so gründlich, diese Menschen in der Provinz, und einmal sagte einer zu mir, nachdem er alles eingehend untersucht hatte: Es ist doch schrecklich, wenn binnen wenigen Wochen eine ganze Familie ausgerottet wird! – mich selbst rechnete keiner hinzu. Wenn ich allein war, saß ich still und las Kinderbücher; ich hatte auf dem Dachboden eine große Kiste voll von ihnen gefunden. Sie waren verstaubt, verrußt, teils vertrocknet, teils von Feuchtigkeit beschlagen, und wenn man sie klopfte, schieden sie immerzu Wolken von sanfter Schwärze aus; von den Pappbänden war das gemaserte Papier geschwunden und hatte nur Gruppen von zackigen Inseln zurückgelassen. Aber wenn ich in die Seiten eindrang, eroberte ich den Inhalt wie ein Seefahrer zwischen diesen Fährnissen, und einmal machte ich eine seltsame Entdeckung. Ich bemerkte, daß die Schwärze oben, wo man die Blätter wendet, und unten am Rand in einer leise deutlichen Weise doch anders war, als der Moder sie verleiht, und dann fand ich allerhand unbezeichenbare Flecken und schließlich wilde, verblaßte Bleistiftspuren auf den Titelblättern; und mit einemmal überwältigte es mich, daß ich erkannte, diese leidenschaftliche Abgegriffenheit, diese Bleistiftritzer und eilig hinterlassenen Flecken seien die Spuren von Kinderfingern, meiner Kinderfinger, dreißig und mehr Jahre in einer Kiste unter dem Dach aufgehoben und wohl von aller Welt vergessen! – Nun, ich sagte dir, für andere Menschen mag es nichts Besonderes sein, wenn sie sich an sich selbst erinnern, aber für mich war es, als ob das Unterste zu oberst gekehrt würde. Ich hatte auch ein Zimmer wiedergefunden, das vor dreißig und mehr Jahren mein Kinderzimmer war; es diente später für Wäscheschränke und dergleichen, aber im Grunde hatte man es gelassen, wie es gewesen war, als ich dort am Fichtentisch unter der Petroleumlampe saß, deren Ketten drei Delphine im Maul trugen. Dort saß ich nun wieder viele Stunden des Tags und las wie ein Kind, das mit den Beinen nicht bis zur Erde reicht. Denn siehst du, daß unser Kopf haltlos ist oder in nichts ragt, daran sind wir gewöhnt, denn wir haben unter den Füßen etwas Festes; aber Kindheit, das heißt, an beiden Enden nicht ganz gesichert sein und statt der Greifzangen von später noch die weichen Flanellhände haben und vor einem Buch sitzen, als ob man auf einem kleinen Blatt über Abstürzen durch den Raum segelte. Ich sage dir, ich reichte wirklich nicht mehr unter dem Tisch zur Erde.

Ich hatte mir auch ein Bett in dieses Zimmer gestellt und schlief dort. Und da kam dann die Amsel wieder. Einmal nach Mitternacht weckte mich ein wunderbarer, herrlicher Gesang. Ich wachte nicht gleich auf, sondern hörte erst lange im Schlaf zu. Es war der Gesang einer Nachtigall; aber sie saß nicht in den Büschen des Gartens, sondern auf dem Dach eines Nebenhauses. Ich begann mit offenen Augen zu schlafen. Hier gibt es keine Nachtigallen – dachte ich dabei – es ist eine Amsel.

Du brauchst aber nicht zu glauben, daß ich das heute schon einmal erzählt habe! Sondern wie ich dachte: Hier gibt es keine Nachtigallen, es ist eine Amsel, erwachte ich; es war vier Uhr morgens, der Tag kehrte in meine Augen ein, der Schlaf versank so rasch, wie die Spur einer Welle in trockenem Ufersand aufgesaugt wird, und da saß vor dem Licht, das wie ein zartes weißes Wolltuch war, ein schwarzer Vogel im offenen Fenster! Er saß dort, so wahr ich hier sitze.

Ich bin deine Amsel, – sagte er – kennst du mich nicht?

Ich habe mich wirklich nicht gleich erinnert, aber ich fühlte mich überaus glücklich, wenn der Vogel zu mir sprach.

Auf diesem Fensterbrett bin ich schon einmal gesessen, erinnerst du dich nicht? – fuhr er fort, und nun erwiderte ich: Ja, eines Tags bist du dort gesessen, wo du jetzt sitzt, und ich habe rasch das Fenster geschlossen.

Ich bin deine Mutter – sagte sie.

Siehst du, das mag ich ja geträumt haben. Aber den Vogel habe ich nicht geträumt; er saß da, flog ins Zimmer herein, und ich schloß rasch das Fenster. Ich ging auf den Dachboden und suchte einen großen Holzkäfig, an den ich mich erinnerte, weil die Amsel schon einmal bei mir gewesen war; in meiner Kindheit, genau so, wie ich es eben sagte. Sie war im Fenster gesessen und dann ins Zimmer geflogen, und ich hatte einen Käfig gebraucht, aber sie wurde bald zahm, und ich habe sie nicht gefangengehalten, sie lebte frei in meinem Zimmer und flog aus und ein. Und eines Tags war sie nicht mehr wiedergekommen, und jetzt war sie also wieder da. Ich hatte keine Lust, mir Schwierigkeiten zu machen und nachzudenken, ob es die gleiche Amsel sei; ich fand den Käfig und eine neue Kiste Bücher dazu, und ich kann dir nur sagen: ich bin nie im Leben ein so guter Mensch gewesen wie von dem Tag an, wo ich die Amsel besaß; aber ich kann dir wahrscheinlich nicht beschreiben, was ein guter Mensch ist.

Hat sie noch oft gesprochen? – fragte Aeins listig.

Nein, – erwiderte Azwei – gesprochen hat sie nicht. Aber ich habe ihr Amselfutter beschaffen müssen und Würmer. Sieh wohl, das ist schon eine kleine Schwierigkeit, daß sie Würmer fraß, und ich sollte sie wie meine Mutter halten –; aber es geht, sage ich dir, das ist nur Gewohnheit, und woran muß man sich nicht auch bei alltäglicheren Dingen gewöhnen! Ich habe sie seither nicht mehr von mir gelassen, und mehr kann ich dir nicht sagen; das ist die dritte Geschichte, wie sie enden wird, weiß ich nicht.

Aber du deutest doch an, – suchte sich Aeins vorsichtig zu vergewissern – daß dies alles einen Sinn gemeinsam hat?

Du lieber Himmel, – widersprach Azwei – es hat sich eben alles so ereignet; und wenn ich den Sinn wüßte, so brauchte ich dir wohl nicht erst zu erzählen. Aber es ist, wie wenn du flüstern hörst oder bloß rauschen, ohne das unterscheiden zu können!